大学生就业质量研究

自我认同的视角

刘　静　著

浙江工商大学出版社
ZHEJIANG GONGSHANG UNIVERSITY PRESS
·杭州·

图书在版编目(CIP)数据

大学生就业质量研究：自我认同的视角 / 刘静著.
杭州：浙江工商大学出版社，2024. 9. — ISBN 978-7
-5178-6064-8

Ⅰ. G647.38

中国国家版本馆 CIP 数据核字第 202454U12R 号

大学生就业质量研究——自我认同的视角

DAXUESHENG JIUYE ZHILIANG YANJIU——ZIWO RENTONG DE SHIJIAO

刘　静　著

策划编辑	王黎明
责任编辑	张　玲
责任校对	李远东
封面设计	胡　晨
责任印制	祝希茜
出版发行	浙江工商大学出版社
	（杭州市教工路 198 号　邮政编码 310012）
	（E-mail:zjgsupress@163.com）
	（网址:http://www.zjgsupress.com）
	电话:0571－88904980,88831806(传真)
排　　版	杭州朝曦图文设计有限公司
印　　刷	广东虎彩云印刷有限公司绍兴分公司
开　　本	710mm×1000mm　1/16
印　　张	11.5
字　　数	200 千
版 印 次	2024 年 9 月第 1 版　2024 年 9 月第 1 次印刷
书　　号	ISBN 978-7-5178-6064-8
定　　价	52.00 元

目　录

导 论

青年大学生是国家重要就业群体。大学生的就业质量,一直以来受到国家、高校、家庭和社会各界等广泛关注。提升大学生就业质量,有其理论意义与实践需要。而现有大学生就业质量提升策略,多是外铄型提升策略,如宏观就业政策制定与优化、高校人才培养质量的提升、高校学科专业结构与市场人才需求结构优化配置、父母教养方式的优化等等,反而鲜有大学生自身的响应。大学生作为就业主体,必须发挥主体性,有责任并积极、实际参与到就业质量提升的全过程中。

一、大学生就业质量事关国计民生

实现国家新发展阶段目标依托于大学生高质量就业。一方面,大学生是国家新发展阶段的主要建设者。党的十九届五中全会指出,我国已开启全面建设社会主义现代化国家的新征程,正奋力向第二个百年奋斗目标迈进。"经济已由高速发展阶段转向高质量发展阶段,正处于转变发展方式、优化经济结构、转换增长动力的攻关期。"党的二十大报告明确指出:"教育、科技、人才是全面建设社会主义现代化国家的基础性、战略性支撑。"大学生作为国家培养的高级专业人才,担负着国家第二个百年奋斗目标顺利实现的使命与责任。大学生就业质量直接体现了大学生与生产资料结合的优劣程度,反映了其参与国家供给侧结构性改革、治理体系和治理能力完善、经济结构转型升级、经济增长方式转变等一系列改革创新的方式和程度。另一方面,大学生是国家新发展阶段目标实现的受益者和检验者。在顺利实现全面建成小康社会第一个百年奋斗目标,开启迈向建成富强、民主、文明、和谐的社会主义现代化国家新征程之时,对于接受高等教育的大学生而言,就业不再仅仅是获得工资报酬以维系基本生活的手段。个人价值的实现、工作条件与保障、劳动关系、发展空间、工作与生活平衡、代际发展等诸多反映就业质量的因素更为其所关注。而这些实实在在的"民之所想"也恰恰是国家新发展阶段目标的"所愿"和"所为"。最终国家新发展阶段目标有没有实现、发展得好不好,由人民说了算。提升大学生就业质量,就是体现"以人民为中心",切实解决人民群众最关心、最直接、最现实的民生问题。

国家历来重视和关心大学生就业质量。党中央牢牢把握我国"高质量发展"的时代特征,对就业工作做出重大战略部署。2004 年劳动和社会保障部在中国就业论坛上提出"不断扩大就业规模、提高就业质量是中国政府的一项长期而紧迫的任务",首次将提高就业质量作为政府工作的重要目标之一。党的十八大提出了推动实现更高质量的就业工作目标。党的十九大报告指出要"实现更高质量和更充分就业"。党的二十大报告强调要"促进高质量充分就业"。第十三届全国人大三次会议中特别提及解决大学生的就业问题,是重要民生关切,是做好全局工作必抓的"牛鼻子"。新中国成立以来,国家相继出台了一系列促进大学生就业的政策,自 2008 年起高校毕业生就业政策标识开始转向大众创业、高质量。[①]

二、高质量就业是人才培养应有之义

实现高等教育现代化要求高等教育高质量发展。早在 20 世纪八九十年代,国际上对高等教育质量的关注已由教育均等化转向提高教育质量。[②] 高等教育现代化的根本目标是实现人的现代化,指导思想是树立高质量教育发展观,实施路径是人才培养水平的全面提升,落脚点之一是大学生高质量就业。2018 年,教育部出台《关于加快建设高水平本科教育 全面提高人才培养能力的意见》,明确提出要加强大学质量文化建设,完善质量评价保障体系,强化高校质量保障主体意识,强化质量督导评估。2020 年,《深化新时代教育评价改革总体方案》正式出台,方案突出"质量"要求,并从质量评价标准、质量监测体系到质量保障制度等各方面对人才培养、教学教师评价、交流合作等提出"质量"要求。2022 年全国教育大会强调要加快教育高质量发展,推进教育现代化。2023 年全国教育工作会议再次指出要以全面提高人才自主培养质量为重点,加快建设高质量教育体系。"高质量发展"是我国当下和今后一段时期的主旋律。我国关于经济社会发展"十四五"规划和 2035 年远景目标纲要提出要建设高质量教育体系。2022 年,《国家教育事业发展"十四五"规划》强调要推进教育高质量发展,将全面提高教育质量作为"十四五"时期教育改革发展的主题,提出要完善教育质量标准,健全国家教育标准体系,改进教育评价体系、完善质量监测制度,充分发挥教育评价对科学育人的导向作用。

高等教育的高质量人才培养成果需要通过高质量就业来检验。在各级各类高等教育评价标准和评价体系中,人才培养质量都是核心指标。而人才培养质量的优与劣,关键在于高等教育是否促进了人的全面发展和培养出来的人是否适应社会需要。而这一目标的达成度,可以参看学生的就业质量。就业质量,包括稳

---

① 李文文:《我国高校毕业生就业政策变迁的历史逻辑与应然走向——基于"间断—平衡"理论的视角》,《中国高教研究》2020 年第 12 期,第 75—81 页。

② 赵中建:《高等教育全面质量管理的概念框架》,《外国教育资料》1997 年第 5 期,第 37—42、50 页。

定职业、体面收入、良好福利、充分社会保障等促进人的全面发展的外在条件,也包括通过就业的方式向社会提供专业知识与技能、职业道德及职业产出来实现人的全面发展的内在支撑。就业质量,体现了毕业生与岗位、用人单位、社会的契合度,在一定程度上反映了高校人才培养的社会适应性。因此,大学生就业质量是检验高等学校办学水平、人才培养质量的重要指标。提升大学生就业质量是高等教育实现"促进人的全面发展"教育目标、"以生为本"教育理念的现实实践。促进大学生高质量就业是我国高等教育强国、高等教育现代化的必然要求,也是时代、国家、民族赋予高等教育的神圣使命。

三、我国大学生就业质量有待提升

近年来,我国大学毕业生人数规模逐年增加,2020 年首次突破 1000 万。随着我国高等教育普及化,大学生群体就业人数增长趋势还将持续。大学生就业结构性矛盾依然突出,主要表现在知识技能结构、专业学科结构、区域产业结构、就业时间结构等供需双方结构性不匹配。大学生就业受外部环境影响巨大。2020 年以来,在新冠疫情、经济下行、国外局势不稳定等诸多因素的叠加影响下,大学生就业难上加难。

大学毕业生就业质量也令人担忧。从 1990 年国内开始关注就业质量到 2004 年政府工作报告中明确将提高就业质量作为政府重要工作目标之一,已过去 20 多年,我国大学生就业质量却不尽如人意,反映就业质量的就业稳定性、专业相关度、就业满意度等关键指标数据偏低。麦可思公司公布的 2013—2019 年我国大学生就业报告中的数据显示,我国本科生毕业半年后的离职率基本上在 33% 左右,毕业三年后的离职率高达 60% 左右,主动离职率均在 98% 左右,这在一定程度上反映了近年来我国毕业生就业稳定性普遍不高且未得到改善。报告指出,毕业生的专业相关度不高,毕业生的专业与就业岗位的匹配度降低,2018 届本、专科毕业生的就业专业相关度分别为 71% 和 62%。也有学者提出毕业半年后我国有 33.3% 的大学生的工作与所学不匹配,而在欧美发达国家这一比例大多位于 10%—20% 之间。[①] 关于就业满意度,麦可思公司的《就业蓝皮书:2019 中国大学生就业报告》中显示 2018 届本、专科毕业生的就业满意度分别为 65% 和 67%。其中,不满意的主要原因是"收入低",另有 53% 的毕业生是因为发展空

① 刘扬:《大学专业与工作匹配研究:基于大学毕业生就业调查的实证分析》,《清华大学教育研究》2010 年第 6 期,第 82—88 页。

间小。另有学者研究发现,有 64.8% 的大学生的期望就业地与实际就业地不符。[①] 大学生就业质量不仅偏低,并且呈下降趋势。[②③④] 因此,提升大学生就业质量已不再是理论研究的范畴,而是实实在在摆在人们面前急需解决的现实问题。

四、提升大学生就业质量需发挥学生主体性

大学生就业质量不佳的原因是多方面的,有外在的经济社会发展形势、人才需求供给结构性矛盾的问题、政策制度设置的问题、高校办学人才培养的问题、企业用人选人的问题等等,也有大学生自身就业能力不强、就业期望不合理、职业定位不准确等原因。但其中最为关键的原因在于大学生在就业质量生成中的主体性被掩盖与弱化。

提升大学生就业质量,首先要合理解读大学生就业质量。大学生就业质量是大学生所能获得的工作和收入的优劣程度以及工作固有特征满足大学生需求的程度。[⑤] 大学生就业满意度是其对就业各方面因素综合后的主观感受,能够准确体现大学毕业生的就业质量[⑥],在某种程度上大学生就业满意度就是就业质量。[⑦] 现今,作为经济人,同时也是社会人的大学生,他们依据自我确认的自身条件、知识能力、价值倾向等,在人才市场上寻求人力资本、社会资本等投资的最大化收益回报,在与社会的互动中不断建构自我,决定是否行动以及如何行动,他们在拥有一些时代共性特征的同时更是独立的、异质的个体存在。除了薪资水平、就业单位性质和就业地区流向等客观因素,毕业生在衡量自身就业质量时还会考虑工作

① 蒋承,范皑皑,张恬:《大学生就业预期匹配程度研究:以北京市为例》,《高等教育研究》2014 年第 3 期,第 34—39 页。

② 柯羽:《高校毕业生就业质量评价指标体系的构建》,《中国高教研究》2007 年第 7 期,第 82—84,93 页。

③ 杨河清,李佳:《大学毕业生就业质量的实证分析》,《中国劳动》2007 年第 12 期,第 26—28 页。

④ 王军,詹韵秋:《技术进步带来了就业质量的提升吗?——基于中国 2000—2016 年省级动态面板数据分析》,《云南财经大学学报》2018 年第 8 期,第 29—39 页。

⑤ 秦建国:《大学生就业质量评价体系探析》,《中国青年研究》2007 年第 3 期,第 71—74 页。

⑥ 岳昌君:《中国高校毕业生就业满意度的影响因素分析》,《北京大学教育评论》2013 年第 4 期,第 84—96,189 页。

⑦ 涂晓明:《大学毕业生就业满意度影响因素的实证研究》,《高教探索》2007 年第 2 期,第 117—119 页。

满意度、职业发展度和职业匹配度等多方面因素。他们对于工作的个性化需求和需求的满足程度是因人而异的。因此,只有充分尊重大学生的主体性,切实考虑大学生的自我需求是否被满足以及满足程度如何,才能真正把握就业质量的核心内涵。

提升大学生就业质量,其次要明确何为高质量就业。现有研究中,大学生的主体性往往只表现出了争取丰厚薪酬、和谐工作关系与良好发展机会的"工具性",反映其情感态度、价值观等的"人文性"却鲜被提及。评价者们往往根据自己的价值标准或社会价值取向来理解和阐释"高就业质量",而脱离了作为就业主体的大学生所理解的意义范畴。现在学界主流趋势是,评价者们往往构建一套系统、全面、通用的评价指标体系试图来衡量不同年代、学历、地域、个性特征的大学生的就业质量。至于大学生内在的身份角色定位、自我价值取向、职业选择动机、道德归属并没有被重视。

提升大学生就业质量,最终要依靠大学生发挥自身的主动性和内驱力。为提高大学生就业质量,政府部门、高校、用人单位、专家学者等已经开展了大量探索与实践,比如通过改革户籍制度、消除就业性别歧视、完善失业救助保障等保障性政策来提升就业质量;比如通过调节和促进劳动力市场供需两端的匹配效率来提升大学生就业质量;再比如改革人才培养模式、加强学科建设和专业建设、调整专业结构、推进高等教育体制改革、优化丰富公共就业服务、加强就业指导、拓宽就业渠道;等等。但学界讨论较多的政策调控和市场调节更多表现为外部力量对大学生就业质量提升的作用,走的是外铄型提升路径,具有群体性、被动性特征。如果一味以外铄型提升路径为主,大学生则会缺乏决定就业质量内涵标准及其生成方式的自主权和内生动力。在这种路径中,大学生只是"被教育""被培训""被扶持"的对象,在政府、高校、家庭的期待和需要中"参与"就业。在缺乏内生力的情况下,就业质量提升是不可持续的,相应地,大学生从就业中获得的满意度和幸福感也是不理想的。也有少部分学者提出可通过增加人力资本、扩大优化社会资本等方式提升就业质量,但相对于这些外显性行为,学生内驱力被关注和研究还不多。

因此,突出和发挥大学生主体性,是大学生就业质量提升从外铄走向内生、从外显走向内隐的路径转移的过程,是由他律走向自律、初级走向高级的必经之路和根本落脚点。

第一章

大学生就业质量
自我认同理论

大学生就业质量的概念内涵丰富,至今没有形成统一的定义。立足于不同的学科领域、理论视角的研究者们会给出不同的解释。国际劳工组织认为,就业质量是劳动者"体面劳动",是通过促进就业和加强社会保障来维护劳动者自由、公正、安全和有尊严地工作。这种观点是从宏观层面理解就业质量,国家、政府关心的是社会保障的公平性、均衡性和社会的稳定性,以及在一定场域内大学生作为人力资本而投入"生产"的效益和效率,将就业质量看作经济发展水平的显示器和助推器,提高就业质量是为了维护社会稳定和促进社会发展。用人单位和社会认为就业质量,往往涉及组织范围内大学生的福利待遇、工作保障、工作关系、工作条件、工作满意度、工作社会意义等,目的在于通过"工人"和"工作"的协调来提高组织效率。因为关乎就业带给劳动者的实际功能,所以该定义自 20 世纪 70 年代"后福特主义"时期提出,至今仍然被津津乐道。这一定义主要反映的是工作生活质量,虽然考量了劳动者个体,但仍然忽视了人的复杂性、差异性和能动性。从高校和教育部门来看,就业质量是反映人才培养质量的综合指标之一,包括大学生考研深造率、职业发展度、社会贡献度、用户满意度等。这一定义虽然是以大学生就业情况为前提,但更多是以相应的教育单位为讨论评价对象的,如某所高校的毕业生就业质量、某个学院(系、专业)的毕业生就业质量。在这之中我们看不到基于大学生主体视角的就业质量的概念界定。自我认同,不仅属于心理学的研究范畴,同时也属于哲学、社会学、教育学和人类学等的研究范畴。其关注个体人格、意义感、归属感、身份感等主观体验,与个体内在驱动力和行为紧密相关。自我认同,为我们理解大学生主体视角下的就业质量提供了理论支撑。

第一节 自我认同理论和大学生就业质量

大学生是教育学的重要研究对象,也是教育活动的基本主体。在教育管理中突出和发挥学生的主体性,是教育现代化的发展趋势和热点。大学生就业质量的主体性、需求定义、生产投入、质量评价、提升动力和发展策略等问题,都是就业质量研究的关键问题,都涉及大学生的自我认同。自我认同影响大学生的身份意识、价值标准、目标需求,决定大学生的角色定位、行为模式、职业规划与就业体验。大学生自我认同的结构内容、程度水平并不是抽象思辨的,它注重在大学生日常生活情境和就业质量生成场域中的反思与实践、建构与重建。自我认同,对于提升大学生就业质量,具有较强的理论指向与实践意义。

一、自我认同理论的实践意义

(一)通过自我认同来重新理解大学生就业质量

随着后现代思想的广泛传播,人们开始意识到世界充满偶然性、多样性、不确定性。每一个个体都有其独特性、发展性,因此不能仅关注某一地区、某一行业、某一组织、某一群体的就业质量,而要充分重视个人的主体性,让每一个个体走到研究舞台的中央。部分学者着手研究劳动者个体的主观心理感受,如就业主观幸福感、就业社会心理特征等,从大学生主体的角度出发,从主观工作满意度和客观工作特征两个层面评定就业质量。其中,主观满意度是大学生对工作环境、工作地点、薪酬福利等方面是否满足自身需要的主观评价[1][2],部分学者甚至认为大学生就业满意度就是就业质量。[3][4] 也有学者认为就业质量就是能够影响劳动者福祉的工作特征或能够满足劳动者需求的工作特征。[5] 大学生主观评价受客观、用人单位、家庭与社会的共同影响。[6] 但不论是主观满意评价和满足需求的工作特征的双维定义还是单维认知,都是以就业主体的所思所想为中心展开的研究。因此,我们必须将关于人的研究作为就业质量研究的起点。

谈到个体的人,我们会自然想到人的性别、民族、学历、专业等一些可描述的属性。从自我认同理论来看,人不仅具有各种属性,而且注重身份感、角色感、归属感。这是对自我特征属性的承认、反思和认可,是对自己在社会结构中所处位

① 徐莉,郭砚君:《大学生就业质量与社会资本关系研究》,《中南民族大学学报(人文社会科学版)》2010 年第 5 期,第 85—88 页。
② 张少华:《国内就业质量研究综述》,《中小企业管理与科技》2016 年第 2 期,第 145—146 页。
③ 涂晓明:《大学毕业生就业满意度影响因素的实证研究》,《高教探索》2007 年第 2 期,第 117—119 页。
④ 岳昌君:《中国高校毕业生就业满意度的影响因素分析》,《北京大学教育评论》2013 年第 2 期,第 84—96,189 页。
⑤ Green F,Mostafa T,Parent-Thirion A,et al. *Is Job Quality Becoming More Unequal?*. *Industrial & Labor Relations Review*,2013,66(4),pp753—784.
⑥ 周志微,童欣:《我国大学生就业质量研究综述》,《理论前沿》2014 年第 24 期,第 8—11 页。

置的意识。同时,人是在时空上确立的自我,既有静态的属性,又有动态的生成,是一种成为的过程,又是一种发展的结果。埃里克森认为认同并不是人生而有之的,而是在其成长过程中发展起来的。米德则详细描述了"自我"是如何通过与环境的互动而发展起来的。人们可以成为自己想要成为的人,并为之而努力。自我认同的获得是在青春期末期至成年人早期完成的①,因此,大学阶段是大学生自我认同获得的重要时期。这一时期,也是大学生就业质量被定义和生成的关键时期。这些关于"人"的自我认识的观点表明,就业主体对就业的需求和工作特征的主观满意评价,不在于其个人的一些显性指标,而在于自我认同后产生的独特、差异的心理想法,并且这个想法和需求会随着不同成长发展阶段而变化,会紧密结合特定的时代、特定的地域、特定群体的经济、社会、文化等多方面的因素。因此,从某种意义上讲,大学生就业质量就是大学生在自我认同下对期望的就业质量的定义、生成的过程、结果和评价。

(二)通过自我认同来明晰大学生就业质量提升逻辑起点

人们对大学生就业质量有应然的期望,也关心大学生就业质量的实然状态,因此更有必要去分析实然和应然之间的差异,研究如何提升大学生就业质量,并对相应政策举措的效度进行分析。所有关于大学生就业质量问题的思考的落脚点都应该围绕如何真正提升大学生就业质量。这一思考符合一般研究的基本逻辑遵循,即是什么、为什么、怎么样。但目前,关于大学生就业质量提升的专题研究成果较少,尚无文献系统地论述大学生就业质量的提升起点、提升路径和提升效果等问题。在有限的关于大学生就业质量提升路径的相关研究中,我们也只能间接地从就业质量影响因素研究中窥得一二。多数学者论证了地区经济发展、高校扩招、培养方式、用人单位劳动关系、用人方式、就业政策、产业结构比例和布局、政府宏观调控、社会就业观念等外因对大学生就业质量的影响。②③ 关于就业大学生个体内因的研究内容有人口学因素、特质因素、行为因素等,如李军峰、施蒂尔(Stier)和亚伊什(Yaish)等学者认为就业者性别会对其就业质量产生一定的

---

① 安秋玲:《青少年自我同一性发展研究》,《心理科学》2007年第4期,第895—899页。
② 赖德胜、石丹淅:《我国就业质量状况研究:基于问卷数据的分析》,《中国经济问题》2013年第5期,第39—48页。
③ 李菲菲:《我国大学生就业质量研究——以青岛某高校为例》,青岛大学硕士学位论文,2012年。

影响①②,金(Kim)和韩(Han)研究了体重与就业质量的关系③,梁英研究了学生城乡背景对其就业质量的影响④,等等。

在系统科学的视域下,研究事物的演化机制,即研究事物的生成或者衰灭,而非简单地研究事物的内外因作用,才是认识这个世界复杂性、生成性、不可逆性的正解。在事物演化过程中,外因是变化的条件,内因是变化的根据,外因必须通过内因起作用,也就是说,决定事物演化形态的是其内部的作用机制。因此,内因才是决定大学生就业质量的关键,我们不仅有必要对内因进行全面深入的分析,更有必要对内因是如何发挥作用的机制进行厘清。本书的意义之一在于探索大学生就业质量的主体性提升,即从就业大学生的内因出发,兼顾外因的条件作用,系统研究大学生就业质量问题。内因对于大学生就业质量的作用机制表现在三个方面:大学生就业质量的生成基础、期望目标,以及期望目标得以实现的行动和外部调控因素。这三个方面对应三个基础性问题,即"我是谁""我想要怎样的就业质量"的大学生就业质量定义问题,以怎样的价值观念等为导向和行为驱动的动力问题,职业认同又是怎样影响就业质量提升的外部条件问题。本书试图从自我认同的视角分析大学生就业质量定位起点、内在动力和外部条件,为下一步明确提升路径奠定基础。

质量管理的关键在于质量定义,即明确需求。大学生就业质量反映的是大学生个体就业需求被满足的程度,而个体需求则是基于自我体察确认而产生的需求,是个人感知到的而非他人、社会的需求,这都需要从自我认同的微观叙事中加以确定。就业质量是大学生就业状态优劣的表现,也是可人为主动调控的过程。自我认同是大学生自我确认与自我实现的结果,就业质量是大学生主体性自我建构的外显性折射和自我调控对象。大学生的自我认同可以有效激发其就业质量提升的主体性,帮助其确定就业质量的目标定位、解决其就业质量提升中的动力问题,而且能够通过就业质量与自我认同的影响机制研究寻找到提升就业质量的路径线索。

---

① 李军峰:《就业质量的性别比较分析》,《市场与人口分析》2003年第6期:第1—7页。

② Stier H, Yaish M. *Occupational Segregation and Gender Inequality in Job Quality: a Multi-level*, 2014.

③ Kim T H, Han E. *Impact of Body Mass on Job Quality. Economics & Human Biology*, 2015, 17, pp75—85.

④ 梁英:《城乡背景与在职大学毕业生的就业质量——基于全国4城市的问卷调查》,《广西民族大学学报(哲学社会科学版)》2015年第1期,第184—188页。

(三)通过关系研究揭示大学生就业质量生成路径

大学生的就业质量和自我认同都是一个复杂的、动态的综合性概念,既涉及宏观和微观、主观和客观不同层面,又涵盖教育、社会、心理、管理等多个领域。对这一问题的分析和认识不能仅依靠单一维度的线性思维,而需要我们构建一个立体式的、由外向内渐进深入的思维模式来透视自我认同与就业质量的关系。本书试图从时间、空间两个维度来分析大学生的自我认同对就业质量的影响机制。时间维度中,将依据生命历程理论,将宏观视角与微观视角相结合,综合考察自我认同的初始累积因素和时间累积因素[①],剖析过去、当下、未来不同阶段的自我认同对就业质量的影响规律与特征。空间维度中,将依据结构主义理论,探究大学生自我认同的不同结构(身份认同、角色认同、职业认同),如何与社会外在因素共同作用,以期对高校毕业生就业质量产生影响。

叠影重现的自我认同是大学生就业质量的心理基础。"自我"是对"我是谁""我要成为谁"的具有本体论意义的元认知。自我认同理论强调的是"身份识别",即个体能够正确识别自己在何种意义和地位上存在。[②] 大学生的自我具有个体属性,每个学生因籍贯、性别、民族、个性、成长经历、社会角色等的不同而成为一个独立个体;也具有群体属性,是共同作为教育培养的对象、国家和民族的公民等群体成员存在的。因此,大学生的自我建构是多元价值的交织。自我认同是自我思维的外显,是对自我的动态建构、身份承认。对于大学生个体而言,身份角色只是传递给外界的信息,重要的是他对自己的看法,"他与她对话的位置在何处?主体对于实现想法的渴望暴露了他们的所在地"[③]。这些关于自我的反思同时还要加上群体的烙印。根据自我认同理论,从"客观自我"到"主观自我"的"再现",是大学生自我认同的意义所在,并以此开启主体意义上的就业质量建构与提升。因此,就业质量是与大学生的自我认同相契合的,不同自我认同下的就业质量也是"差异性"和"同一性"的统一。

自我认同并非与生俱来,大学生对自我的态度信念,以及他所担负的社会文化角色的确认是在其个人成长经历中获得和发展的,是一个动态的不断变化的过程。大学生通过学习情境、生活情境、事件情境等实践感知自身,并通过他人和社会的反馈评价不断加以确认。在变化的自我认同视域下,大学生就业质量提升不

---

① 胡薇:《累积的异质性:生命历程视角下的老年人分化》,《社会》2009 年第 2 期,第 112—129 页。

② 查尔斯·泰勒著,韩震等译:《自我的根源现代认同的形成》,译林出版社 2001 年版,第 63 页。

③ 罗钢,刘象愚:《文化研究读本》,中国社会科学出版社 2000 年版,第 78 页。

是简单的自我反思就可以实现的,要在社会实践生活中,在对自我的碎片式反思叙事中,在与外在环境的互动确认中进行"我是谁""我想要从事什么样的工作""我所期待的工作所赋予我什么""我所做的一切的意义何在"等一系列问题的思考和回答后才能得以实现。大学生的就业质量遵循"沟通识别—期待预设—执行生成—评估调整—新沟通识别"的螺旋式循环运动轨迹,自我认同在其中每一阶段的发展与特征都影响着大学生就业质量。所以,从生命历程的视角来看大学生就业质量,大学生通过与自我过去、当下、未来的对话来分析就业质量提升路径,按照自身发展的需要进行选择和行动。而选择和行动的结果必然又会引发新一轮的自我认同。自我认同与大学生就业质量之间将会呈现双向互动效应。自我认同视角下大学生就业质量提升中实际机制如何、是否存在问题、提升效果评价怎样,这些也是需要我们予以高度关注的。

二、自我认同与大学生就业质量研究的本体论

(一)大学生就业质量生成中的主体性和自主性

大学生要积极发挥自身的主体性来获得高质量就业。关于学生主体性的相关研究,主要集中在两方面:一方面是对学生主动性、自主性和创造性的研究;另一方面是对学生"我是谁"的追问,即学生个体对自己价值、身份、角色等的自我认同。前者实际上也是后者的转化与催生。在就业质量形成、呈现和评价一系列过程中,大学生主体性的建构,意味着大学生要始终以主人翁的姿态,主动实现自我存在的价值。在同一场域中的其他行动者,要尊重和帮助大学生主体性的实现。

就业质量生成中大学生的主体性,主要体现在认知自主性、情感积极性、意志自觉性、实践能动性。这些主体性在实践中的表征为大学生在认知层面能够意识到自己是就业质量的生产者、制造者,在准确自我认知的基础上合理定位就业期望,能够有意识地自我调控就业行为和目标,能动地通过能力、人格等各方面的完善来实现自我塑造,以期实现自我特质与工作因素相吻合,从而适应工作和实现自我,获得自我满意的就业质量。在自我发展和就业质量生成过程中,大学生即时感知觉察客观外界与主体需要之间的满足程度,能够对出现的消极情绪进行主动调适,保持积极稳定的心态。

（二）大学生就业质量生成中的历时性与共时性

注重"整体"是研究事物的唯一途径。[1] 大学生就业质量生成情境，如同任何情境模型一样，包含时间、空间、主人公等五个维度，其中时间和空间两个维度组成了情境模型的框架。[2] 本书从历时性研究和共时性研究分别探讨大学生就业质量定义、生成、评价和提升，兼顾了静态和动态、纵向和横向的系统思维。

历时性研究关注的是大学生就业质量生成整个过程的持续演进的活动序列。在大学生就业场域中，大学生的"过去、现在、将来"都决定了其就业质量的生成和变化演进。按照埃里克森和舒伯等人的生涯发展理论，大学生的一生历经不同发展阶段，每一阶段都有其发展任务，在上一阶段发展的基础上进行下一阶段的发展。具体到大学生就业质量生成的动态时序来看，既对应为狭义的就业过程（准备期—求职期—就业期），也对应了广义的大学生的生命发展历程。而人们对自我的探索，将自身作为意识的对象，初见于婴儿18个月左右[3]，自我意识由此启蒙并发展完善。自我认同作为自我意识的重要内容，随之觉醒与发展，并成为终生课题。自我认同是超越时空的对自我的连续性反思解释，在大学生就业质量生成的全生命周期中，各个阶段、时点都有自我认同的身影并受自我认同的"无意识"支配。"我已经是谁？""我想成为谁？""我应该成为谁？""我不想成为谁"等等，既是作为主体的大学生自我认同需要回答的问题，也是其就业质量生成需要回应的问题。

共时性研究强调的是大学生就业场域静止状态时各要素同时存在、相互依存的关系。[4] 在大学生就业质量生成的就业场域中，包含大学生的自我对话，与外界的对话。在不断的对话中，大学生厘清自己与他人（国家、社会、家庭、学校、用人单位等）的关系，与事件（学习培训、实习实践、就业求职等）的关系。在其中，大学生既是主体又是调控的对象，是意识的觉察者和行动的发力者。资本和惯习则是各种关系联结、交互的维系。大学生自我认同是大学生在社会生活实践中，通

---

① 沃野：《结构主义及其方法论》，《学术研究》1996年第12期，第35—40页。

② 迟毓凯，莫雷，管延华等：《时间因素对空间维度非线索更新的影响》，《心理与行为研究》2004年第1期，第333—336页。

③ David R Shaffer，Katherine Kipp著，邹泓等译：《发展心理学》，中国轻工业出版社2018年版，第419—420页。

④ 文军，殷照玲：《共时性研究：寻求人类社会文化的共通性》，《社会观察》2009年第12期，第75—77页。

过与他人及社会互动所形成的思想和行为的一致性。这种与他人及社会的互动,在大学生就业质量生成场域中反映为各要素的依存及运动。

(三)大学生就业质量生成中的差异性与群体性

每一个大学生都是独立、唯一的存在,彼此间具有明显的个体差异性。这种差异性不仅体现在可以被外界观察到的性别、家庭背景、成长史、专业、学历、气质、性格、知识、能力、经验等众多个人特质,更体现在个体对其个人特质的看法和观点。大学生自我认同,是大学生个体对自身拥有或缺少某种属性、特质、能力或归属的特定认识。强调"差异性"或"差别性",是自我认同概念的核心与本质属性。大学生如何看待自我,对就业质量的生成起着关键性作用。因为对自我身份、角色、价值观、归属感等认同的差异性存在,大学生对自身就业质量的期待、可调度资本、行动路径、满意评价也各不相同。

在理解并尊重差异性的同时,我们也看到,大学生就业质量生成中也客观反映了群体性特征,主要表现为三个方面:首先,是就业质量生成过程的同一。就业质量生成过程包含大学生就业质量形成、呈现和评价的过程,一是指期待的就业质量的构想出现并去实现的过程,一是指评价就业质量的各因素达到完备状态,一是指对已形成的就业质量进行评价。就业质量生成过程是包含生成和再生成的统一,是认同下自我构建与自我重构交替运动的产物。其次,就业质量生成基础的同一。大学生就业质量生成,剥离行动者、资本、惯习等要素的具体表征外,其赖以生成的基础都统一表现为在特定的时间与空间范围内,在自我发展的过程中对过去的、现在的自我的确认以及对有关自我未来发展的一些重大问题的思考与探索。最后,是大学生就业质量生成场域和惯习的同一。处于同一时空下的大学生就业质量生成场域,不论其中行动者的位置与关系如何,其场域所处的时代背景、社会经济基础、惯习的无意识规制是相同的。大学生自我认同中的自我反思,包含了社会界定的对学历、性别等特质认知的群体意识,对这种群体意识的辨识与确认,深受环境因素和个人因素的影响。

三、自我认同与大学生就业质量研究的认识论

(一)大学生就业实践参与主体和实践场域

大学生就业质量生成实践的内在机理表明:大学生就业质量生成过程是大学生自我认同和就业质量生成两者互动的逻辑,是个体与外界环境双重互动的逻辑。大学生就业质量生成研究需要以大学生行动者为中心,对其自我认同和就业

质量生成的实践空间、实践逻辑和实践工具进行探究,回答在哪实践、实践方向和如何实践的问题。大学生就业质量生成受大学生个体和其所处时空环境的多重影响,国家、社会、学校、家庭、用人单位和社会组织机构等都会影响其实践活动。因此,大学生就业质量生成实践处于一个复杂多变的社会空间中。在这个空间中,涵盖了大学生行动者,以及国家、社会、学校、家庭、用人单位和社会组织机构等不同影响主体。他们直接或间接参与大学生就业质量生成,影响作用的量向(大小、正负向)由大学生自我认同的结果而定。总之,大学生和影响主体,以及各因素之间交织密布的复杂多元的关系网络,共同构成了大学生就业质量生成的实践空间。

同时,因为大学生和影响主体各自不同的位置、资本和惯习,虽然同在一个大的实践空间中,但都有着他们独立的小的场域,以及自己场域的运作逻辑与实践逻辑。这些给大学生就业质量生成带来更为复杂的影响。为了促进大学生就业质量的生成和提高,各行动者之间的场域边界要融合打通,各自资本和"话语"要流动起来,要能够被大学生感知和融入自我塑造,在自我认同发展完善中帮助大学生获取自身最大利益。

(二)实践中自我认同形塑与就业质量生成的互动逻辑

社会和时代不断发展,大学生就业质量生成实践表现为历时性和共时性的统一。大学生就业质量生成与大学生自我认同发展在互动中交替进行。进入大学阶段,大学生对自我的探索进入第二个飞跃期,自我认知逐渐丰富并深刻,由关注自我的身高、体形、外貌等生理自我转向了对自我价值观、气质、性格、能力、社会关系等心理自我和社会自我的体察。自我的"差异性"和"延续性"通过大学生与外界互动越发清晰,自我认同的过程就是自我建构的过程。在某一静态时点上,自我认同基于对自我身份、角色、职业等的确认,刻画出大学生期望的就业质量图景,大学生在自我就业方向、职业目标、资本积累等与就业质量生成相关方面的内容得以确立。大学生由此展开具体实践。这是自我认同下自我塑造引发第一波就业质量生成。

在大学生就业质量生成实践中,随着大学生资本积累的变化、对职业认知的丰富、求职经历的实际体验,其个人位置在大学生就业场域中也发生了新的变化。这种变化可能是正向的,也可能是退化的。这就触发了自我认同更新机制。按照玛西亚的观点,自我认同扩散和早闭都是对自我认同的放弃,部分人甚至会因此陷入自我混乱迷茫。自我认同延缓则是自我认同的暂时迷失,大学生努力去探索职业世界,但还没有获得对自我和未来发展的明确答案,也因此没有在规定的时间内完成自我认同的发展课题。自我认同扩散、延缓和早闭在某种程度上都可能引发自我认同危机。个体只有度过危机，才能获得新生。自我认同完成则是大学生经过探索实践，已明了自己是谁、想要成为什么样的人，从而在就业质量生成实践中表现为知道自己想要什么样的工作、适合什么样的工作，以及如何获得满意的就业质量。所以，不论自我认同处何种状态，都是对自我的一次重塑。自我重塑后又引发新一轮的自我认同，新一轮自我认同又会促使大学生对其就业质量有新的思考和行动，从而在大学生就业质量生成场域中处于新的位置，惯习的持续影响和资本的重新争夺配置促使大学生就业质量再生产。

（三）大学生就业质量生成实践中资本的工具性

国家，作为大学生就业质量生成实践空间中的最上层主体，拥有政治、经济、文化、政策、权力形式等多项资本，负责整个社会的治理和运转。国家在大学生就业质量生成中发挥的是刚性的、主导性的作用。国家做出的全局性、长远性方针政策以及具体的就业政策、教育政策、人才政策等对大学生就业质量的价值取向、评价机制和实施保障等提出要求，并运用行政和经济工具控制大学生就业质量生成所需资源，通过大学生高质量就业来实现国家对优质人才的需求、对经济社会发展的人才支撑。同时，国家出台的一系列战略、政策、方针、制度、办法，引导或规制大学生对"我是谁""我要成为谁""我将怎样成为"等关于自我认同的反思、确认和建构，进而间接影响就业质量生成。

学校，是大学生获得人力资本的重要场所。学校的人才培养理念、培养体系、文化氛围以及学习社群决定大学生就业质量。大学生通过课程学习、实践锻炼、同伴分享等方式完成人力资本积累，并以学生、同学或校友身份取得一定社会资本。在人力资本、社会资本获得的同时，大学生也在进行着身份认同、角色认同、职业认同等认同实践和验证。大学生对自己身份结构中的个人特质进一步觉察，并在惯习的影响下形成自我认知，继而按照大学生就业质量生成与自我认同发展的共生互动逻辑继续向前演绎。

家庭，是大学生社会资本获得的主要来源，更是其自我塑造和惯习形成的原生场域。家庭对大学生自我认同发展和其就业质量生成有着物质和精神双重影响。在家庭经济基础、所处城乡区域、人口结构、父母教养方式、父母受教育水平、父母职业、家风习俗等共同作用下，大学生形成独特的个性特质，其认知特点、行为模式和情感体验决定了就业质量生成过程与结果。

用人单位，是大学生将就业各项资本兑现收益的场所。用人单位给予大学生各项精神或物质的收益反馈。这些收益可以被视为大学生就业资本的交换物，交换所得是否符合大学生期望,直接影响大学生的就业质量评价。因为用人单位拥有用人的决定权,所以在对话中,用人单位往往处于支配地位,拥有绝对强势,大学生则处于弱势地位被支配。高就业质量主要依赖于组织集体谈判能力和大学生的个人"议价"能力。

四、自我认同与大学生就业质量研究的方法论

(一)大学生高就业质量生成由被动转向主动

我国大学生就业质量生成在很长一段时间内被看作一种处于外部规制、达到某种标准以及担负某种特定角色期待的被动过程。新中国成立前,毕业生就业主要是自谋职业。新中国成立后,在计划经济体制下实施"统招统分"的就业政策,国家对学生就业进行统一分配,对不服从分配的学生取消分配资格、限期离校,学生户口、人事档案等转回家庭所在地,并规定在五年内全民所有制单位不得录用无分配资格的学生。在这个时期,大学生高就业质量被释义为人才结构和国家生产的高计划、高分配,即"哪里需要放哪里",其更多的是体现国家意志。随着大学生人数规模的扩大和市场经济的发展繁荣,1999年国家就业政策改革,对大学毕业生不再包分配,改为自主择业、双向选择,2000年,包分配制度全面终止。[①] 实施自主择业、双向选择后,大学生的就业质量被纳入高校人才培养质量的监测指标体系。高校一方面继续贯彻国家意志,积极引导毕业生按照国家发展战略投身重点区域、重点地区、重点项目、基层组织,想方设法促成毕业生去优质企业就业,这时大学生高就业质量体现的是高校人才培养目标的价值倾向。此外,就业可以帮助大学生实现向上层阶层流动,高质量就业是众多家庭对作为子女的大学生的期待,因此父母会竭其所能为大学生高质量就业提供保障。在这些传统的"由上至下""由外向内"的大学生就业质量生成过程中,大学生的主体性被弱化甚至掩盖。基于大学生自我认同的就业质量生成新范式强调在就业质量生成全过程中大学生的主体性和内驱力。只有通过合理自我认同,大学生在实践反思构建自我的同时,才能将自我与外界有效连接,从而定义和生成就业质量。新范式下的大学生就业质量生成结果具有不确定性和非预期性。[②]

---

① 马永霞,马立红:《新中国成立70年我国高校毕业生就业匹配的发展研究》,《北京教育(高教)》2019年第10期,第50—55页。

② 周成海,孙启林:《教师专业发展范式转移的基本范式》,《中国教育学刊》2009年第6期,第68—70页。

(二)大学生就业质量生成由群体性走向个性化

大学生就业质量生成过程和评价标准带有群体性特征。尽管学生的性别、学历、家庭背景、人力和社会资本等具有差异性,但其就业质量生成总是包含定义、生产、呈现、再生产的循环过程,其评价标准中的价值取向必然要受社会文化习惯的影响。在自我认同范式下,大学生就业质量生成注重的是大学生自身能量、自我期待、自我实现和自我满意,而非简单的个人特质和工作因素的吻合以及"高薪酬""高稳定性"等工具性存在。大学生就业质量生成的一个重要转向是将关注的重心从"群体性思维"变为"个性化发声"。对个性化发声的重视,表明大学生个体是其就业质量生成的重要资源,自我认同是大学生就业质量生成的必要条件。

(三)大学生就业质量生成的"去情境化"转向"情境化"

大学生就业质量生成与再生产、自我认同下自我建构与重构,都是在个体与社会互动对话中形成的。大学生自我认同的内容和过程是大学生自我意识对客观现实的主观能动反映,他们的认知评价、情感体验、意志调控是在社会情境中习得的,大学生对自我的身份认知、角色扮演、职业归属是在一次次具体化的生活情境中丰富起来的。同样,大学生就业质量定义、生成和评价也是在就业这个社会情境中形成的。如果脱离了具体情境,大学生自我认同和就业质量就成了虚无的存在,因此大学生自我认同的发展和就业质量的生成实践必须在具体社会情境中完成。

(四)大学生就业质量生成路径的理论逻辑与实践逻辑

关于事物发展所依循的理论逻辑和实践逻辑长时间处于一种二元对立状态。理论逻辑强调的是理论抽象概括,注重的是撇开具体情境、具体个体和具体过程等后总结的一般规律或普遍法则。[①] 理论逻辑是一种理论优先逻辑。实践逻辑则强调从实践的情境和实践自身的逻辑特性去规范实践本身。[②] 实践逻辑观照了现实的不确定性、情境性和非限定性,肯定实践优先。

对于大学生就业质量生成而言,则需要打破这两种逻辑的割裂对立状态,将理论逻辑与实践逻辑相统一。遵循理论逻辑就是先确立大学生就业质量生成的

---

① 杨小微:《教育理论工作者的实践立场及其表现》,《教育研究与试验》2006 年第 4 期,第 6—9,38 页。

② 程良宏:《教师专业发展的路径及其超越——基于理论逻辑和实践逻辑的思考》,《教育发展研究》2011 年第 2 期,第 112—116 页。

理论基础,再根据理论指导实践来考虑大学生就业质量生成路径等一系列问题。因为理论逻辑看重的是事物的本质与规律,所以理论的价值主张和理论选择至关重要。理论逻辑具体到大学生就业质量生成实践中则表现为大学生个人特质、人力资本和社会资本拥有量会影响大学生就业质量,当大学生的个体特质与工作匹配度越高、人力资本和社会资本越丰富则大学生就业质量越高,加强大学生职业生涯规划教育和个人能力提升、优化学科专业结构、提高学历层次、加强实践能力,以及父母民主温暖的教养方式和充分的社会资源等因素可以提高大学生就业质量。而对于实践逻辑而言,大学生就业质量生成具有不确定性、情境性和非限定性,因此,大学生经历的就业质量生成的具体实践情境及其个人既有经验是指导和解决大学生就业质量生成实践的关键。也就是说,大学生就业质量的生成过程、结果呈现最终取决于大学生个体的生活实践经历和经验,而不是理论的直接推演。我们无法简单用理论逻辑来解释为何大学生就业单位性质稳定、薪资待遇高却仍然对就业满意度评价低,也无法笃定同样特质的大学生(学历、专业、家庭背景等)就一定会有相同的就业质量、相同的就业满意度。遵从大学生就业质量生成实践中的"认知、信念、反思"才是解决大学生高就业质量内涵界定、生成机制、提升路径等问题的关键。

大学生就业质量生成和自我认同范式是多向度的,突显的是主体性、建构性、情境性、社会性、复杂性和默会性。在理解和研究过程中,需要有特定知识观和结构主义观,需要运用整体性、系统性、共时性和历时性思维,将理论逻辑与实践逻辑相结合,在就业质量生成中、生活实践情境中持续反思、确认、建构的自我认同,将情境性、不确定性和非限定性很好地与就业质量相连接,才能有效促进大学生就业质量生成及再生产,切切实实地获得高就业质量。

<table>
<tr><td>第二节</td><td>大学生就业质量自我认同研究框架</td></tr>
</table>

后现代主义认为,自我认同是异质性的、流动性的[1],会在碎片化的生活情境中呈现。自我认同,既有静态的通过反思后确认的自我概念,又有动态的自我建构和自我重构。以自我认同理论来观察大学生就业质量也就显得更为立体。大学生就业质量生成场域也是一个具体的生活情境,在该情境中,大学生的自我认同有着特定的认同内容和认同对象,就业质量生成实践和经验也散落于一个个具体的、可被感知的片段中。借助情境中的时空要素,作为分析大学生就业质量的维度,分别确定大学生就业质量自我认同研究框架。

一、大学生就业质量自我认同的概念

(一)大学生就业质量

"就业"在《现代汉语字典》中的解释为"得到职业;参加工作"。从劳动社会学的角度来看,就业是指在一定年龄阶段内的具有劳动能力的人们有愿望依法从事具体的劳动并从劳动中获取报酬或收入,满足物质需要与精神需要所进行的活动。[2] "质量"是人们感受的产品、服务、人员、过程和环境联系的动态状态中各个因素能够满足或超过"顾客"期望的程度。"特性总和"和"满足期望"是质量内涵的核心。质量是各个因素可以满足用户的要求,是相对的、发展的概念,其内容不断变化。[3]

从就业者微观、狭义的角度理解,就业质量应当是在意愿就业的情况下,以个人满意度为核心,反映劳动者在劳动过程中的心理体验和生产过程中投入与产出

---

[1] R G Donn. *Identity Crisis*: *A Social Critique of Postmodernity*. Minneapolis: University of Minnesota Press,1998, p. 28.

[2] 谭永生、李爽:《新形势下我国就业问题研究》,中国计划出版社 2015 年版,第 130—131 页。

[3] 刘欣:《项目管理基础》,上海社会科学院出版社 2015 年版。

的效率高低。对于大学生个体而言,大学生就业质量是其所获得的工作状况及固有特征满足其就业需求的程度。该概念从大学生个体的角度出发,基于主观工作满意度和客观工作特征两个层面来界定就业质量,有普适性意义。其中,客观工作特征主要指工作状况,如薪资待遇、工作环境、福利保障、个人发展等因素,主观工作满意度则是指大学生对工作环境、工作地点、薪酬福利等方面是否满足自身需要的主观评价。[1][2] 所以综上所述,笔者将大学生就业质量明确为包含了客观工作特征和主观工作满意度这两部分内容,是大学生对工作特征满足其需要程度的反映。

大学生就业质量的内涵随着时代变迁和社会制度变化而具有丰富内涵,可以从宏观、微观,广义、狭义等不同维度对其进行界定。因为本书是从大学生个体角度出发,探索其自我认同对就业质量的影响,所以本书从就业者个体视角、微观层面、狭义范畴进行归纳总结,将大学生就业质量明确为基于意愿就业的情况下,以个人满意度为核心,反映了大学生所获得的工作状况及固有工作特征满足其需求的优劣程度。大学生就业质量生成,是包含了就业质量定义、生产、评价和提升的一系列的建构过程。大学生就业质量生成所依赖的场域是就业场域,或大学生就业质量生成场域。

(二)大学生自我认同

《辞海》中将"认同"释义为认可、赞同和确认。自我认同以"自我"为主体,是对自我的认可、赞同和确认,具体有三层基本含义:一是"个人依据个人的经验反思性地理解到自我"[3],是超越时空的对自我的连续性反思解释;二是自我认同既表现为时空跨度中个体的"同一性"或"一致性""相似性",又表现为与他人的"差异性"或"差别性";三是自我认同实际上是"成为"或"变成"的自我建构过程,是把个人的各个方面结合成某些连贯的结构性模式。因此,本书中,将大学生自我认同界定为:是大学生对自我跨越时空的连续性反思解释,是个人对区别于他人的自我身份或社会角色的确认,是个人在社会化进程中成为自我的动态过程。大学生自我认同有其特殊内涵,并不能简单理解为个体的自我认同,或他者的社会认

---

① 徐莉,郭砚君:《大学生就业质量与社会资本关系研究》,《中南民族大学学报(人文社会科学版)》2010 年第 5 期,第 85—88 页。

② 张少华:《国内就业质量研究综述》,《中小企业管理与科技》2016 年第 2 期,第 145—146 页。

③ 安东尼·吉登斯著,赵旭东、方文译:《现代性与自我认同:晚期现代中的自我与社会》,生活·读书·新知三联书店 1998 年版。

同,也不能简单地只关注已有的个人各项属性,而是要综合、动态地全面予以把握。

(三)大学生就业质量自我认同

关于大学生就业质量自我认同的内涵,主要有认知说和行为说两类。持认知说的学者有弗洛伊德、吉登斯、郭金山等,他们认为评价大学生就业质量的主体是大学生本人,虽然需要考虑的宏观和微观因素众多,但只有大学生自身才是"就业质量"的享有者和最终评价者。持行为说的学者有玛西亚、埃里克森、赵君等,他们主张大学生是其就业质量的直接生产者。

大学生就业质量自我认同的内涵有静态和动态之分。静态概念描述的是一种存在状态,是大学生基于自我概念所形成的期望就业质量和感知就业质量,倾向于认知层面的概括性评价;动态概念强调的是大学生在不断自我反思建构与重构自我的过程中,确定自我认可的就业质量的内容、标准,并为实现该目标而付出实际行动的一种努力。

综合来看,本书中的大学生就业质量自我认同,是大学生基于自我认同结构和程度所感受、体验的就业质量,其概念内涵主要包括三个方面:(1)基于大学生自我认同的就业质量定义;(2)大学生自我认同过程中就业质量的生成;(3)基于大学生自我反思的就业质量评价。

在这个概念之下,大学生的主体性得以彰显。大学生就业质量自我认同也是自我概念的一部分。从自我归类理论来看,大学生就业质量自我认同不仅包括个体水平上的认同,也包括群体角色水平上的认同,体现了大学生认同自己归属某类群体而被群体化的"定义"和"图式"。所以在研究中,我们不仅会考察包含个体特质的个体认同,还会分析身份认同、角色认同等社会认同下大学生的就业质量。

二、时间维度下大学生就业质量自我认同分析框架

(一)自我认同"我"的线索

大学生的自我认同是大学生依据其生活经历对自我进行反思性理解,自我认同基于大学生的生活与实践经历,诉说着大学生的过去和当下,同时也反映大学生对未来的规划和期望。所以,在自我认同的建构过程中,在过去、现在和未来的时间轴上,都有"我"贯穿始终。对"我"的生活经验进行探寻,不是简单地按时间轴顺序叙事,也不是不加选择和无重点的流水式记录,而是从一系列事件中找到有意义的线索,然后进行建构式叙事。生命历程理论为我们理解有意义的线索,

进行叙事建构提供了理论基础和依据。生命历程理论认为,大学生对生命经验的探寻要比纯理论知识的总结要有意义得多。大学生对身份、角色的意义解读与追问,依赖于其对整个生命历程的理解。

自我认同并非人一生下来就具有的,而是在人的成长中逐步形成和发展起来的,且在不同的发展阶段呈现不同的状态。玛西亚关于自我认同四种状态的区分,对于我们理解就业历程中大学生的自我认同发展状态同样适用。我们将就业阶段大学生的自我认同依据就业探索(大学生为明确职业目标而进行的实践尝试与准备)进行与否与就业承诺(大学生对未来职业发展目标和路径的明确)的确定与否划分为四个状态:就业自我认同完成型、就业自我认同早闭型、就业自我认同延缓型和就业自我认同扩散型。我们将重点分析在大学生就业历程的不同阶段,其自我认同的发展状态及相应的就业质量生成和评价。

(二)自我认同分析的理论基础

大学生的生命历程是连续的,由其生活实践组成一个个阶段。大学生的就业质量生成不是简单地起始于就业求职时或是正式获得工作时,而是要追溯到大学生的生活过往和学习经历。所以,大学生就业质量的研究必须将其整个生命历程纳入研究视野。在不同阶段,大学生的就业质量呈现出不同规律特征。职业生涯周期理论为我们提供了时间维度分析的参考和框架。

"生涯"在《牛津英语词典》中被解释为个体一生的历程或发展,是包含人从出生到生命消亡的整个过程。这个过程是伴随着通过工作所创造的有目的的、延续一定时间的生活模式。[①]职业生涯是个体的职业实践历程与职业发展,是与职业和工作活动相关联的连续性经历。广义的职业生涯,指从职业能力的获得、职业兴趣的培养到选择职业、就职,直至最后完全退出职业劳动的发展过程。而狭义的职业生涯,指人从踏入社会、从事工作相关的职业训练或职业学习开始直到最后职业劳动结束的过程。无论是从广义的还是狭义的职业生涯概念来看,大学生都已进入职业生涯。按照职业生涯周期理论,漫长且连续的职业生涯可以划分为准备期、探索期、适应期、创新期、维持期和衰退期等六个阶段。本书则着重分析大学生的职业准备期、探索期和适应期这前面的三个阶段。准备期主要是大学生为了获得一定就业质量而进行相应准备的时间,包括学习、实践和以往的生活经历。准备期的任务主要是为后续职业选择和就业发展进行知识能力储备及积累

---

① 刘宣文:《学校发展性辅导》,人民教育出版社 2004 年版。

相应的生活经验。在探索期，大学生要从思想和行动上投入求职实践，通过求职实践获得对自我身份、角色、职业的深度认识，这个时期自我反思的频率和深度是最高的，自我认同的结果和合理性直接影响大学生就业质量的定义和生成。在适应期，大学生通过就业选择和求职实践已经找到工作，开始正式就业，这一时期是大学生生活经验和自我认同的现实检验时期，是大学生身份、角色外化时期，在这个阶段，大学生自我的表现将直接影响其就业质量。

三、空间维度下大学生就业质量自我认同分析框架

(一)自我认同结构与概念模型

关于自我认同的概念理解，不同学科的研究立足点是不同的。如心理学侧重于自我同一性的研究，关注于"一致性"和"差异性"，"人格"与"自我实现"；社会心理学则关注的是自我在社会关系中是如何与社会互动的，研究自我在社会结构中的位置和关系；哲学讨论的是关于"人性"的问题。因为研究立足点的不同，关于自我认同研究的分析框架也不同。

心理学家布瑞克森(Brickson S.)将自我认同划分为个人认同、人际认同和集体认同三类。[①] 具体到就业情境中，个人认同表现为身份认同，是大学生对"我是谁"这一自我身份的确认与反思，自我身份中包含了区别于他人的个人特质，以及对个人特质的维护；人际认同则是指大学生在人际交往、互动中确认自我角色，并按照社会或他人的期望扮演角色，表现为角色认同；集体认同强调的是大学生对于某一特定职业群体的自我归类与群体承诺，表现为职业认同。详见表1-1。

---

① Brickson S. *The Impact of Identity Orientation on Individual and Organizational Outcomes in Demographically Diverse Settings. Academy of Management Review*, 2000, 25(1), pp82—101.

表 1-1 空间维度中大学生就业质量自我认同分析框架

自我认同结构	分类标准	动机来源	自我概念类型	自我参照
身份认同（个人认同）	个人	自我兴趣	身份	个体差异比较
角色认同（人际认同）	人际	他人利益	角色	他人期望
职业认同（集体认同）	群体	职业群体利益	职业群体	职业群体特征

借鉴布瑞克森的分析框架,斯托特(Stout,D.M.)提出了一个理论分析模型。在模型中,斯托特从认知、情感、行为和社会四个维度来分析自我认同的个人、人际、集体三个结构。[①] 根据心理过程结构,将斯托特的认知、情感、行为和社会四个方面重新划分为认知、情感和意志三个方面。自我认同结构及其特征的概念模型为多层次探究大学生自我认同提供了一个基本结构,具体如图 1-1 所示。

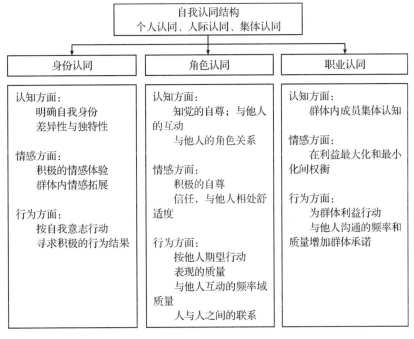

图 1-1 自我认同结构及其特征的概念模型

① Stout D M *Teacher Identity Orientations*：*Personal*，*Relational*，*and Collective*. *Qualitative Research Study*,2001,3,pp 1—27.

(二)就业空间中大学生就业质量自我认同分析框架

根据自我认同结构及其特征概念模型,结合大学生就业情境,发现在自我认同建构与重构的过程中,大学生通过与自我、与社会和重要他人、与外部职业世界等三个方面的对话,来定义和生成自我就业质量。换句话说,可以从身份认同、角色认同和职业认同三个向度来分析自我认同对大学生就业质量的影响机制,分别对应大学生就业质量自我定位机制、大学生就业质量内部动力机制和大学生就业质量外部调控机制。

第一,基于身份认同的大学生就业质量自我定位机制。每个大学生,作为独立的个体存在,总是会遵照"人"的本性去审视自我、发展自我和实现自我,形成对自己独特的认知、体验和追求。大学生在自我建构的过程中,始终展现出能动性和自觉性,这使得他们能够持续地对自我进行反思,能够批判性地看待自我,能够对塑造自我抱有"新的可能性"的开放态度。所以,大学生在就业实践中会对自我进行定位并会根据与环境互动的结果调整定位。他们在自我定位的基础上对自我期望的就业质量进行定义,并付诸行动。虽然受他人期望影响和外部规制调控,但大学生对自我的认知、体验和行动始终存在,对自我所期待的就业质量和职业方向始终具有话语权。所以,大学生对于"我是谁"这个问题的认识与回答、对于自我主体性如何体现、对于自我生命意义和存在价值的设计,构成了大学生就业质量的本体向度。

第二,基于角色认同的大学生就业质量内在动力机制。大学生是存在于社会关系结构中的个体,他们靠社会关系维系自我和他者的关系。大学生既具有个人属性,又具有社会属性。所以,自我认同中"我要成为谁",不仅考虑的是"我要成为我",也要考虑"我要成为他人期望的我"。这种个人属性和社会属性的统一,是依靠大学生自我角色认同来达成的。在由关系组成的社会结构中,大学生根据所处位置来获得和确定自我角色,并按角色的既定行为模式来思考和行事,获得角色期望的结果。大学生的就业质量定义和生成都离不开就业场域,在这个特定场域中,大学生也不可能脱离与父母、家庭、学校、用人单位、社会、同事、同伴等一系列重要他人的关系而独立存在。这些存在的关系要求大学生怎么去做子女、做学生、做工作者、做合作者或者竞争者等等。意识到所需要扮演的角色和应该如何扮演这些角色,则成为大学生的一种内在动力,推动他们朝着既定方向和模样去塑造自我。在塑造自我的过程中,大学生会持续地将自我认知与角色期望进行对比,反思其中的异同点,并对其差异进行主观调控。当两者差距较大且大学生无力调控时,大学生会表现出对角色的不适应,甚至对抗,或者索性懈怠。如果大学生适应角色,则会在社会结构中找到合适的位置。大学生在建构角色认同的同时,也在人际互动的社会就业空间内定义和生成自我就业质量。所以,在人际关系互动中,通过角色认同来定义、生成大学生就业质量,构成了大学生就业质量的内在动力,这是一个他者向度。

第三,基于职业认同的大学生就业质量外部调控机制。大学生就业质量生成不可避免地发生在外部职业世界中。在众多就业质量外部影响因素中,自我对于职业的看法和态度是最直接的,而且职业因素不仅关乎就业质量的工作特征本身,还影响到大学生的职业自我概念、生活方式、社会结构中的位置及关系。大学生职业认同的建构需要遵照政策、制度、文化的规制,这些规制中的话语论述会直接影响大学生对职业的认知、理解和接纳,当大学生将这些规制内化为自我观念后,会形成本体安全感,且自我认同度高,同时职业满意度也高。相反,如果大学生已有的价值准则和行为模式与这些社会规制不一致甚至发生冲突,大学生就会丧失自我意义感和价值感,严重的话会引发自我认同危机。所以,基于社会规制的职业群体价值和群体属性,赋予了大学生职业认同的社会向度,职业认同成为就业质量外部调控因素。虽然作为行动者,大学生主体性的发挥受到了社会政策、制度、文化等的限制,可能大学生自我认同或者陨灭认同会做出一些妥协与让步,但我们不能忽视的是大学生的能动性,他们在文化环境中并不是完全被动的。所以,从外部职业世界的视角来解读大学生就业后的职业身份、角色,不仅要看到社会规制对其自我认同的方向性作用,也要看到个人与社会规制之间的互动关系,并全面深刻地理解职业如何作用于大学生自我认同和就业质量。从职业认同的角度来分析大学生就业质量的定义与生成,这是一个社会向度。

对于每一个大学生来说,都有独一无二的生活经历,都有鲜活丰富的生活经验,其自我认同是自我持续"成为"的过程,是用自己的声音对生活经验进行诠释的过程,是激活个性和动力塑造自我的结果,是自我决定的生活方式。因此,大学生就业质量的提升包括生命内涵的拓展,自我认同通过本体价值的实现为其提供了一个重要的契机和空间。

本书从自我认同视角分析大学生就业质量自我认同研究的基本框架如图 1-2 所示。

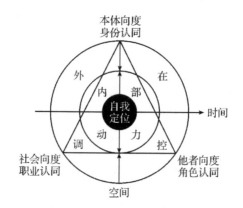

图 1-2　大学生就业质量自我认同研究分析框架

上述对生命历程和三个向度的描述,就是要通过历时性分析揭示大学生自我认同与就业质量间的关系,通过共时性分析大学生的身份认同、角色认同、职业认同对自我认同的建构,来探索自我认同对大学生就业质量的影响机制。就业质量的定义与生成,离不开大学生自我认同的核心定位,是内化的角色认同与外部的职业认同共同作用的结果。将静态的自我认同和动态的自我建构及就业质量生成联系起来,体现了个体与社会结构的立体式辩证关系,也体现了个体与群体、本体价值和工具价值、个人属性和社会属性的统一。

本章从本体论、认识论和方法论三个维度讨论了自我认同理论与大学生就业质量定义、生成和评价研究的适切性,探索了基于自我认同理论的大学生就业质量生成的理论逻辑与实践逻辑,综合时间和空间两个维度,采用历时分析和共时分析相结合的方法提出大学生就业质量自我认同研究分析框架。

第二章

大学生就业质量

自我认同形态

大学生就业质量生成的过程,既是其自我认同的过程,也是其生命过程的重要组成。大学生在不同就业阶段的自我认同状态,将引导着就业质量的定义与生成,影响着就业质量的评价和提升,而自我认同状态又是由其生命历程的变迁与转折所决定的。由此,人生轨迹与重要事件刻画了大学生就业质量从定义、生产、评价到提升的全过程,并且呈现出差异性。

大学生就业过程大致可分为准备期、求职期和就业期三个不同阶段。准备期是指在开展实际就业行动之前为就业做准备的一段时期。在准备期,大学生主要通过学习、实践来积累各类资本,为今后的就业打好基础。因此,从宽泛意义上理解,大学生从职业体验活动中获得的职业启蒙及专业学习、实践都是其求职前的准备行动。只要这一时期发生对其未来就业产生影响的认知、情感体验和行为等各项准备活动,就都可划归为准备期。准备期没有明确起止时间和相对固定的时间跨度,每个大学生的就业准备期因人而异,有长有短。求职期,主要指大学生就业前的一段用于择业的时间。在此期间大学生除学习实践之外,重点是要确定职业方向、明确就业目标、关注就业信息、提升求职技能并参加招聘活动。就业期则是大学生从事具体劳动生产活动的时期,从实际入职开始,直到退出职业舞台。

借鉴玛西亚关于自我认同状态的四种分类,就业大学生可相应地分为四种类型:就业自我认同完成型、就业自我认同延缓型、就业自我认同早闭型、就业自我认同扩散型(见表 2-1)。其中,就业自我认同完成型的大学生对自己有着合理认知,他们积极投入就业实践,整合各类就业信息和资源,在不同就业方案中进行比较,明确未来职业发展方向,清楚地知道自己想要的是怎样的工作并为之努力。就业自我认同延缓型大学生还在探索确定就业方向和职业目标的过程中,他们收集信息、比较各类选择,也参加实习实践等就业活动,但对自己未来的职业方向尚无最终答案,也没有形成相应的职业规划方案。就业自我认同早闭型大学生没有经过个人探索,而是依据父母或其他重要他人(社会大众)的意愿确定自己的就业方向和职业目标,根据该目标开展就业实践。就业自我认同扩散型大学生对于自我和职业发展方向都没有明确清晰的认知,也没有探索的行动和实践的意图。

表 2-1　受访者就业自我认同分类表

就业自我认同类型	受访者
就业自我认同完成型	BM2、YM7、BF9、YM10、BF12、BM14、BF16、BM18、BF19
就业自我认同延缓型	BF17
就业自我认同早闭型	YF1、BM4、BM6、BF11、YF15、BF8
就业自我认同扩散型	BF3、YF5、YF13、BM20

四种不同就业自我认同类型的大学生有着不同的人生成长经历与故事,他们的自我显著身份、角色意识、就业期望与就业行为也各不相同,从而定义和呈现出不同的就业质量。对于不同类型的受访者,笔者在本章将根据他们的自我认同状态和就业历程,绘制就业质量自我认同样态图。

第一节　就业自我认同完成型大学生就业质量

受访者 YM10 是一名男生,本科和研究生阶段所学专业都是英语。老家在我国东部省份的一个镇上,父母从事印刷工作,母亲已退休,家境较好,是家中独子。硕士研究生毕业后,他留在了就读地,也就是省会城市,从事留学服务工作。

一、就业过程

YM10 自称因为高中时物理和化学不太好,所以高考填报志愿时就选择了文科专业,觉得学习起来会相对轻松一点。至于为何本科和研究生专业都是英语,他说那是因为当年高考分数正好够考进某财经类重点院校的英语专业,便一直读了下来。在校期间,他还担任英语协会的会长、学校学生会干部。

对于未来的职业规划和目标,YM10 称在大三之前其实都没有那么明晰,只有一个模糊的想法:做和英语相关的工作。因为身边很多人都说,如果以后不做英语老师、翻译之类能用得上本专业知识的工作,那学英语基本是没什么用的。大三之前,他去某知名教培机构当过助教,也兼职做些翻译工作,平均一年能翻译8 万多字,但那时翻译行业的待遇太低了。大三暑假时,他参加了一个赴美带薪实习项目,亲身体会到这样的项目可以帮助到那些时间、经费有限的学生。项目很受家长和学生的欢迎,留学服务的市场前景很好,所以实习项目结束后,他就找了一家知名的留学服务机构实习,一直到硕士研究生毕业。其间,他亲手操盘了好几个项目。当看到学生因为自己的规划设计,申请到了想去的学校时他就特别有成就感;同时,看到有些别的机构完不成的项目转到自己机构后最终都做成功了,也特别有成就感。他发现,做留学服务除了可以将所学知识派上用场外,收入也比做翻译好很多,所以最终决定从事留学服务。在研究生正式毕业后,他和同伴一起在就读地的高教园区内开了一家留学服务机构。

对于YM10的选择,家里人很支持。虽然他们一开始是希望他回老家考公务员或者当老师,但家里一直是很民主的,比如YM10的高考志愿就是他自己填的。

关于未来,YM10还是充满乐观的。他认为自己会继续从事留学服务工作。虽然前两年受新冠疫情影响较大,但是有出国意愿的学生并不少,全年的业务量也还是有的。至于专业,如果可以重新选择,他表示想去学金融或和原子能科学相关的专业,这可能是受其叔叔的经历影响。

二、自我认同变化过程

YM10自我认知较为全面,评价自己是一个自信的人,和别人相比,自己的优势在于有想法就会大胆去实践。生活中他也是个容易被接纳的人,因为他总是会为别人着想。决策时,他会有自己的想法,但如果别人的建议有道理也会采纳,并不是一个固执已见的人。

在整个就业过程中,他认为自己感知的显著性身份是一个小老板、服务者、孝顺的子女、中国人。在就业的不同阶段,他的显著性身份会有所不同。在准备期、求职期、就业期等不同阶段,他对于自己的角色、目标都非常明确。比如在准备期,学生身份是其显著性身份,学习是其首要任务;到了求职期,创业者是其显著性身份,他要花更多精力去做好公司的事,对公司负责,对员工负责;到了就业期,他有了更多的身份,体会到了不同身份带给他的成就感、自豪感。

> YM10:大一到大三期间不是很有目标,认为自己就是一名学生,首要任务是好好学习,认真上课,积极参加社团活动,不断丰富充实自己。自从决定创业以后,虽然不像其他同学那样忙于搜索招聘信息、投简历、准备面试等,但随着毕业的临近,要抓紧把自己办留学机构的想法落地,在这一过程中有很多具体的事情要去操办。这时候,我更典型的身份是一个创业者,得去找合适的办公场地、招人、找项目、跑执照等,有一大堆大大小小的事情要忙。虽然很累,但既然决定做了,就要承担起老板的责任,对服务对象负责,对员工负责。作为创业者不仅要让项目有钱赚,还要考虑整个机构的经营方向,特别是疫情防控期间,传统的留学项目要向"4+0"等留学项目转变。今后的目标是争取更多、更大的项目合作方和对接更稳定的服务平台,自己也能从小老板变为大老板。

毕业后,我全身心投入留学服务机构的建设与运营中。因为有具体的项目,要面对学生和家长,所以这时候更能体会到自己是一名服务者。作为服务者,要根据家长的期望和学生的具体情况,为学生量身定制留学方案,从语言考试、确定申请院校、准备申请材料到最后被录取,要全程跟进做好服务,并要根据情况变化及时调整方案。在整个服务过程中,只有多为客户考虑一点,设计出来的方案才会更贴合客户需求,申请的成功概率也才会更高,才能最终得到客户的认可。

经过探索实践,YM10 逐渐明确自己的职业方向,就业期望和行动计划也相应清晰起来。前期赴美带薪实习的经历让其意识到留学服务市场需求较大,是一个不错的创业机会,而在留学服务机构实习时成功运作案例的经历,也让其进一步熟悉业务,坚信自己能够从事该项工作,再对比之前兼职做翻译时的低收入,在经历了多种探索尝试后,他最终将自己的职业方向锚定在了做留学服务机构的创业者。

在 YM10 的这些身份当中,最让其自豪的身份是作为一名中国人。因为工作的原因,他总是要面对外方,有时还要到国外出差。在和外方打交道的过程中,他真真切切感到中国的强大是中国人在国外自信和安全感的来源。他最喜欢的身份是服务者,当别人叫他老师的时候他特别开心,那种竭尽所能助别人成功的成就感是他选择这个职业并坚持做下去的根本动力。在别人评价他的时候,还喜欢别人称他是"孝顺的子女",希望以后能赚更多的钱让父母过上更好的生活。

随着就业历程的推进,从准备期到求职期,再到就业期,YM10 认为自我认同水平是逐渐升高的(见图 2-1)。经过一步步的探索尝试,他对自己的认知越来越全面,知道自己想要做什么,如何去做,也对未来有一定的规划。

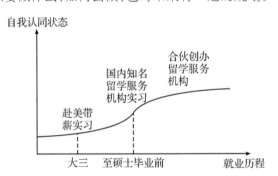

图 2-1　受访者 YM10 的就业历程图

三、就业质量评价

经过实践探索,受访者 YM10 在心目中对好工作设定了自己的标准,从高到低最主要的有三点:成就感、赚钱和自由。YM10 认为,一份好工作,必须要能够体现自己的价值,特别是在自己努力过后,能看到实实在在的成果,得到别人的肯定。赚钱是考虑到投入的经济性产出,不一定是赚很多钱,但相对来说,同样的付出,不同的行业、工作回报是不同的,希望能得到相对高一点的报酬。自由,是相对来说,工作的时间、节奏可以自己掌控一点,灵活一点。对照自己的就业期望,YM10 对所从事的留学服务工作就业满意度为 8 分(满分为 10 分),因为现在所从事的这份工作,能很好地满足自己的成就感,通过自己的专业沟通,帮助学生申请到了理想的院校,甚至可能影响学生一生的发展,在看到家长信任和感谢的目光时,自己特别有干劲和动力。虽然工作中遇到很多挫折、困难,项目也并非都能够成功,但自己的努力被肯定确是件幸福的事。而且自己大学学的英语专业知识,在文书制作和外方交流都能用得上,感觉所学没有浪费,还是有价值的。从赚钱这个角度来看,留学服务的利润空间较大,比之前的助教、翻译等工作都要好。而且也赚到一些钱,经常会给父母买些保健品和日用品,家族中的人都称赞自己。工作时间一般在下午 1:30—7:30,上午的时间可以自由支配。对于机构经营范围和业务方向,主要由自己和合伙人定,不用按照其他人的想法来,如果别人说得有道理也会采纳吸取。

对于就业自我认同完成型的大学生而言,其自我认同是持续上升的,能够清楚觉察不同就业阶段、不同情境下的自我显著身份,明确身份对应角色的责任并加以完美演绎。正因为对自我的清晰定位,大学生的就业目标和期望就业质量也是相对明确的,从整个就业历程来看,就业行动也是相对积极的。就业历程中虽然也遇到困难,但较少受外界干扰,能够按照预期执行自己的计划。以上种种因素促成其获得自我认同较高的就业质量。

第二节　就业自我认同延缓型大学生就业质量

受访者 BF17 是一名视觉传达专业的本科毕业生,毕业于一所省重点高校,学校地处省会城市。对所学专业并无特别偏好,只是因为高考分数够了,并且自己会画画。受访者 BF17 认为该专业就业前景不好,社会需求多,但从业者也多,竞争激烈。毕业时因为家庭原因,回到了老家(沿海小城市)。

一、就业过程

回到老家后,BF17 通过直聘 App 给几家公司投了简历,通过面试选择了现在就职的这家影视制作公司,当时应聘的岗位是新媒体运营。公司总共 10 人,来一个项目,每个人都得参与,只是分工不同。她实际上并无固定岗位,按公司老板的说法就是参与整个项目,日后再看适合哪个岗位。她大三的时候就开始想就业的事情,因为当时学校开设了就业指导课程,要达到课程要求,就要有实习经历和相应证明,所以那时出去找了一家公司实习,暑假时在老家的民政局也实习过。初步将就业目标定在新媒体方向,以前在学校社团和学生组织里曾做过相关工作,和大学舍友也一起做过 B 站,成绩还不错,后面在学校所在的省会城市也找了份类似的工作。快毕业的时候,父母要求其回老家上班,所以把工作辞掉回了老家。对工资的要求因工作地点而异,如果回老家,大概每月五六千元;如果留在省会城市,那希望更多一点。对工作单位性质无特别要求,要么考编去政府机关;要么去企业,找份自由一点的工作。对单位规模也无特别想法,中小型企业都可以接受。回老家后,受访者 BF17 很快找到了现在这份工作。

二、自我认同变化过程

受访者 BF17 在做自我介绍时首先想到的是"我是一个善良的人、性格很稳定的人",着重从性格上来解读"我是谁"。对于"00 后"的标签,并没有特别感受。

受访者认为,相对而言,"本科生"的身份会不利于去竞争更好的工作,如果是研究生的话,考编的岗位会多一些(自己没考,家里人希望其去考)。

> BF17:在大城市找工作,普通岗位一般没有人会在意你什么学校毕业的,是本科生还是研究生,但是在我老家的话,那些私企老板可能会因为你是本科生或研究生而想跟你进行深入交流。包括签约,甚至最后录用,他们都会对高学历者高看一眼。就像我现在这个老板,因为面试我的时候,他会说"你是某某大学毕业的,我对你的能力还是相信的"。

受访者BF17认为自己是一个没有目标的人,不论是高考填志愿选专业,还是找工作,很多时候是被一股"力量"推着往前走,被动做出一些选择。高考时,因为分数够了,所以读了现在的大学和现在的专业;因为大三时就业指导课程的要求,所以找了家单位去实习;最后选择回老家工作,是因为父母要求离家近一点,所以放弃原先的工作,回到老家重新开始。谈到未来打算,BF17的言语中也透着矛盾:一方面称暂时没有什么打算,先在眼下这个公司做到年底(6个多月),视公司发展前景和自身发展情况再定,这是个理性的回答;另一方面称也可能会去考编,因为是父母的要求,特别是妈妈希望其先去政府单位做临时工,边工作边考编。父母认为现在就业形势不好,去政府单位工作比较稳定,社会地位也较高。此外,她也有可能去考教师资格证,认为去当美术老师也是挺好的,哪怕是在培训机构里。

受访者BF17对未来感到迷茫,主要原因在于她自身的性格和家庭环境。她表示自己是一个不太有主见的人,是个"妈宝",从小到大都是听从父母的安排,认为他们做的决定都有道理。作为家中的独生女,BF17认为父母虽然文化程度不高(都是高中毕业),但他们对自己非常爱护;自己家庭成长环境幸福,也没有经历过什么风浪,所以也没有强烈的奋斗目标。

> BF17:我感觉这可能是个人的原因,我的问题就出在对未来太没打算。
>
> I:什么叫太没打算?是都可以,还是说没有目标、计划?
>
> BF17:比较迷茫,没有自己明确的志向。可能是因为从小有父母帮忙规划道路,而且我也喜欢听从父母的安排,所以导致我步入社会后无法自己独立做决定。我感觉主要原因还是在于自己,可能跟个人的性格

有关。像我室友,她很喜欢画画,一直都很确定要做设计方面的工作,然后她就会一直朝这个方向去努力。其实,我对大学专业也没有特别喜欢,就像我可以画画,但是我平时不会花很多时间去画画,去提升。就是没有特别喜欢的事情,自己都没有想好要什么。

受访者认为自己想法多,但缺乏行动力。虽然实习过,也工作了一段时间,但对于未来的目标并未因此变得清晰。其自我认同状态在持续降低(见图2-2)。

BF17:我不敢想未来怎么样,不确定我到底可不可以。其实我也想稳定,先好好干一份工作再说。

I:那接下来准备去考教师资格证吗? 之后你是怎么打算的? 是去中小学或培训机构当美术老师吗?

BF17:还没想这么远,先把证拿到手后再做打算,因为教师编制也不是那么多。

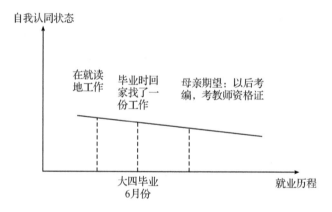

图 2-2　受访者 BM17 的就业历程图

三、就业质量评价

在所有关于就业的需求中,受访者 BF17 表示最看重薪资,最不看重感觉,对单位性质、单位地点、单位规模等并无特殊要求。对目前所从事的工作,她总体比较满意,从个人满意度来打分的话,愿意打 8 分(满分为 10 分)。对于目前这份工作,最满意的地方是工作内容和专业相关(现在要想找一份和专业相关的工作很难),在工作中也能学到新东西。最不满意的地方是现在这家公司的薪水比较低,试用期每月只能拿到 3000 元,而之前在省会城市找的那份工作,试用期每月能有四五千元。公司最初只给缴纳"五险",那"一金"是自己去提后公司才给交的。公司不提供宿舍,需要租房住(目前和高中舍友一起合租,每月每人承担 1000 元)。

对于就业自我认同延缓型的大学生而言,其自我认同持续在一个较低水平,虽然能觉察不同就业阶段、不同情境下的自我显著身份,并能明确身份对应角色的责任,也有一定的经历、经验,但因为对未来目标不明确,特别是自我认同中职业锚的缺失,所以其就业期望呈现一种"无要求"状态或"简单化"要求。他们对单位性质、单位规模、工作地点、专业相关度等都没有特别要求,常表现为"什么都可以",或仅对就业质量中显性的工资薪酬有所关注。但这种"无要求"并不影响其感知就业质量,反而也可能获得较好的体验,关键在于眼下从事的这份工作本身。因为缺乏比照,所以该类型大学生的感知就业质量替代了实际就业质量。如果该类型大学生适应当下的这份工作(兴趣符合、能力胜任、核心需求等被满足),那他的就业质量就好;反之,如果不适应眼下的工作,那他对就业质量的评价就会差。

第三节 就业自我认同早闭型大学生就业质量

受访者 BF11 是一名食品质量与安全专业的本科毕业生,在校期间担任了三年的团支书,毕业离校时已是中共党员。她来自 Z 省某个经济相对落后的山区县,农村户口,家中共有四口人,父母、BF11 和还在读高中的弟弟。父亲靠给别人造房子打些零工,母亲一直是家庭主妇,没有出去工作过。受访者 BF11 自认为家庭经济状况在农村属于一般水平,从大一刚入校起就立志做一名公务员。

一、就业过程

受访者 BF11 虽然所读的专业是食品质量与安全,但她给自己设定的就业目标就是考上公务员,进入体制内工作。大学最后半年,她备考公务员笔试,还报了一个校外考公培训班,面试则主要是靠平时当学生干部的经验积累。因为来自农村,清楚了解基层的工作和生活状态,所以她没有选择国考,而是参加了所在省的公务员和县乡机关选调生的考试,尤其是想通过县乡机关选调生项目回到家乡,对就读地的省会城市并无太多眷恋。最后省考和选调生都没有成功,后来她回家乡海关找了一份工作,虽然是合同工,但也要经过笔试和面试。在海关的工作主要是做食品检测,并负责审核科室的检测报告。合同两年一签,试用期两个月,平均月收入 2000 多元,转正后每个月平均能拿到 5000 多元,包括基本工资和绩效。之后,她还会继续考公,在没考上之前会一直在现在这个单位当合同工。在整个找工作期间,她只投过一家食品企业的简历,也进入了面试,但最后还是放弃了。

对于考公务员,BF11 称这一直都是自己的想法,不是父母给她设定的方向。从小到大,重要的事情都是她自己拿主意,父母都是听她的。父母对她考公都很支持,在知道她前面两次考公没考上后,也安慰她,让她在家继续复习,不用出去找工作。但她自己想着毕竟毕业了,还是先找一份工作,一边工作一边准备再战。谈到老师对其就业期望,BF11 说老师其实一直非常希望她能走学术道路,鼓励她保研继续深造。

二、自我认同变化情况

BF11 自认为是一个自我效能感一般的人,谈不上有主见,在重大决策时会多听听别人的想法,如果和自己的想法产生矛盾,会按自己的想法行事。当遇到困难时会寻求同事或老师的帮助。回望准备期、求职期和就业期的就业历程,BF11称自己并没有太多的变化,这段经历也没有什么特别之处(见图 2-3)。

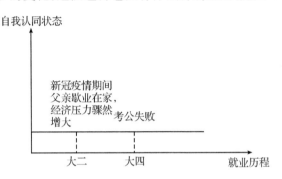

图 2-3　受访者 BF11 就业历程图

在确定就业选择和整个求职就业过程中,BF11 称并没有特别考虑过自己是谁、自己的优势和不足等这些问题。

> BF11:如果是和就业有关,回答"我是谁",给自己贴个标签的话,那是"来自农村的女孩"吧。但女孩,好像也没有什么特别的优势,也没有劣势,现在职场上男女性别界限逐渐模糊,主要还是看工作能力和适合不适合那份工作。农村人,好像也不是,我只是家住在村里,对基层的情况很熟悉,也没有觉得在学习和工作中农村人就被人看不起。让我再想想……

谈到是何种身份有利于其达成考公心愿,包括这次成功应聘家乡海关的工作,BF11 称并没有什么特别的身份,如果真要找原因,大概是因为对方对她努力的认可。

> BF11:为什么能应聘成功(海关这份工作)?估计是面试官,也是我后来的领导看到了我简历中填的就读高中,那是我们当地最好的一所高

中,而且我就读的大学在省内也是重点大学。我还是中共党员,当过学生干部,参加过学科竞赛,这些信息简历中都有。面试官会综合评价吧,但好像并没有什么特别之处,现在的大学生都挺优秀的。

对于自己所学的专业,BF11 评价一般。她认为食品质量与安全专业的技术性很强,如果能学得精,在专业方面有更高造诣的话,可能就业前景会很好。但如果本科毕业就去找工作,其实就业市场上的待遇并不好。大学刚毕业要去流水线上工作,感觉待遇和大专生差不多,关键要看自己工作以后的努力,估计要几年以后才能和他们拉开差距。在小县城,这个专业也不是热门专业,工作相对来说不是那么好找。在求职就业过程中,对其触动较深的是新冠疫情对社会经济的影响。

> BF11:疫情期间我看到很多失业的人,包括创业破产的,找工作都挺不容易的,所以想考编制。这次疫情对我爸工作影响也很大。从小到大,我们家一直都是我爸一个人赚钱,主要是靠给别人造房子打点零工,虽然赚得不多,但也够我们一家生活。这次疫情来了后,我们那边没什么人家要造房子了,我爸经常歇在家里没活干,最长的一次歇在家里快半年。
>
> 家里人很辛苦,我不想像他们那样。有一天早上因为要到镇上练车,我 5 点多就起床了,看到我妈已经把早饭烧好了。我说"妈,你怎么那么早",我妈说"我哪有你那么幸福,我每天早上 4 点半就起床了,要给你爸他们烧早饭,后面我还要洗衣服,去照顾你爷爷奶奶,有一大堆事情要做"。那一刻,我觉得父母太辛苦了,我想让他们生活得好点。

谈到是否会继续从事目前海关检测的工作,BF11 认为还是要看能否考进公务员编制。如果没考上公务员,那就会继续做下去。平时,她不会主动向他人介绍目前从事的工作。现在这份工作和专业还是相关的,如果考上公务员后,从事的是和专业不相关的工作,她也是可以接受的。

三、就业质量评价

通过访谈发现,BF11 对就业期望最高的是工作稳定性,其他如薪资报酬、社会声望、工作强度、工作环境等并不是其首选因素。对照其就业期望,她对目前工作满意度打分为 7—8 分(满分为 10 分)。其中,最满意的是工作相对稳定,其次是同事关系融洽,不像企业里那样复杂。最不满意的是正式编制和合同编制的差异。但她自陈这些满意都是眼下的,后面还会坚持考公,不过不知道能否考上,觉得未来充满不确定性。

> BF11:找工作要看心情。如果没有稳定的工作,不知道明天干什么,那我会整天忧心忡忡,心里很不踏实。所以对我来说,稳定是第一位的。我不会主动向别人介绍我现在在海关工作,对于工作带来的社会声望并不特别看重。
>
> 我问过单位里的其他人。他们说虽然我们签的是合同工,但一般除非是自己有更好职业选择或其他原因跳槽走人,单位都会和你一直签下去,还是比较稳定的。
>
> 单位里那些有编制的人,他们就像管理者,不用自己做实验,而我们就像给他们打工的。倒不是不公平感,只是觉得在编和非在编有差异,还是会感到有落差。我以后还是要考编的。

对于就业自我认同早闭型的大学生而言,其自我认知并不深刻,决策和行为受外在因素影响较大。他们在就业过程中无显著性身份意识,也对自我角色没有清晰定位和认知,对专业和职业的认同度一般,自我认同变化较小,没有明显的自我认同危机发生。他们的就业目标往往依据外在环境而定,可能是重要他人的建议,或宏观环境导致,或生活事件影响,并没有经过自我探索。他们虽然较早确定就业目标,但围绕目标实现也没有过多地准备和投入。虽然如此,如果工作符合其对就业目标的期待,其感知就业质量并不会低,也会有相对较高的就业满意度,但这时的较高就业质量也是暂时的。对于就业自我认同早闭型的大学生,如果没有解决自我认同合理、清晰的问题,会有可能陷入自我认同危机,进而降低就业质量。

| 第四节 | 就业自我认同扩散型大学生就业质量 |

受访者 YF5 是一所省重点高校马克思主义理论专业的硕士研究生,就读地为省会城市。其老家在中西部地区,本科阶段所学专业为地理(师范方向)。

一、就业过程

YF5 的就业期望不明确,即对其未来要从事怎样的工作无特定要求;对于工作地点,无特定想法,先在就读地找,如果其他地方有工作也可以考虑;对于薪资,只要达到身边同学所谈底薪水平就行;对于单位性质,无特殊需求,主要看工作本身是否是自己愿意做的,但对于自己愿意做什么也并无明确答案。对于工作的其他期望,就是一周双休和工作氛围简单点。

> YF5:其实不管是当教师、考编,还是其他,哪怕是跟我专业不是太相关,只要这份工作自己愿意长期干的就行。
> 我还是想遵从我的内心。比如说现在我身边的人,他们大部分选择考编或者考公,而我不想简单地随大流,其实我也想过要不要去考,要不要走这条路,所以在这方面感觉自己想法还是比较多的。
> I:现在有答案了吗?
> YF5:还在考虑中……(沉默)

对于就业问题的思考,受访者 YF5 其实早早就开始了,毕业时她面临的选择是直接就业或考研。就业的话,当时已经按所学专业找了一份当老师的工作(因其本科就读于师范院校),后因考研上岸,故放弃工作。在读研究生阶段,也有三个时间点想过就业的事,一是研一刚考上的时候,二是上一届师兄师姐毕业时,三是自己研三论文完成要毕业时。虽然在这些时间点都思考过就业的事,但并未有明确的目标和实际的就业行动。

YF5：我刚考上的时候会想一下，中间因为学习又搁置一边了。像上一届刚毕业的时候，我也会想一下以后自己要干什么，而且老师也会提醒我们考虑就业的事情。

我一门心思做一件事，但是我身边也有人双管齐下：一边写论文，一边考教师编、投简历。但是我感觉自己只适合专注于一件事，所以就想等答辩完，毕业了再说。

二、自我认同变化情况

受访者 YF5 自我认同程度低，缺乏与就业相关的自我探索和期望。她虽然在自陈时有一些自我性格、就业形势等的评价，比如表明自己习惯于做完一件事再做另一件事，社会对其研究生所学专业评价较好等等，但没有将"我"置身于就业情境中去回答自我身份、角色等问题。没有基于自我认知的职业目标、就业期望和相应的就业行动。在谈论自我概念相关话题时，与就业、就业质量相脱节，给人一种"两层皮"的感觉，谈"我"即是"我"，谈"就业"就是大众认知的"就业"。看似对未来工作不挑剔，实则反映出对自我定位的不清晰。就业情境中的自我认同低。

YF5：我爸爸妈妈从小给我定的目标是能考上大学。考上大学之后就希望我能够找到一份稳定的工作。他们倒是没有要求我一个月赚多少钱，会比较倾向我去从事教师这类职业，他们觉得比较适合女孩子。

至于主见这一点，我给自己打 4 分，因为我是那种有些时候会比较纠结，但有些时候又比较有想法的人。我不太会因为别人选择做什么事，就去跟着做，我还是比较想做自己喜欢做的事情。

在考虑其与就业相关的显著性身份时，该受访者并无显著性身份意识，对"我是谁"的回答，也仅是"我就是我"，只有联系具体情境时，才对自己有具体的认知和评价。在考虑对其获得高就业质量产生有利影响的身份时，受访者认为是其学历身份。而对于不利于其获得高就业质量的身份，其认为是作为子女的身份。因为父母期望其去做教师，并且他们也容易受亲戚等周围的人影响去"督促"自己，甚至可能会阻止其去做一些自己想做的事情，子女的身份让其在就业时备感压力。

对于没有明确就业期望的原因,其归结于自己是个心态好的人。从小在奶奶身边长大,父母陪伴其时间很短。作为重要家人,奶奶对其心态影响很大。她从小就被奶奶教导不要有太多追求,要知足,不要给自己太大压力。通过之前因为错过转专业而痛苦地学了4年地理专业一事,其愈发认为以后一定要做自己喜欢的事。此外,一位老师的话也对其有重要影响,即"不知道要怎么做的时候,不如转移注意力,去做其他的"。所以本科毕业,在不清楚自己接下来要做什么的情况下,就选择了考研。

受访者YF5自我认同虽然越来越清晰,但总体来说还是迷茫。未来对于其来说充满未知,对回答"我是谁"等自我认同的问题习惯于采用回避策略。其自我认同变化情况如图2-4所示。

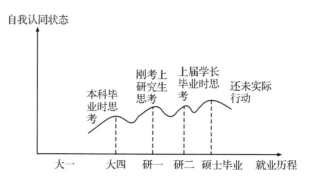

图2-4 受访者YF5就业历程中自我认同变化情况

YF5:和以前相比,梯度的话,应该是往上走一点的。大一的时候对工作还没有那么多想法,只是尽情享受大学校园生活。大三是个节点,那时候身边有一些人已经在考研了,所以受环境影响,开始考虑毕业后要去做什么,是去找工作还是考研?大三下半年这方面想法更清晰了,然后就定目标去考。考完之后,假期那段时间里这方面念头又平息下去了。到考上研究生,研一的时候因为有想法了,就又开始规划。研二的时候因为事情比较多,就业相关想法暂时搁置。

三、就业质量评价

不确定的就业质量期望,带来不确定的感知就业质量。就业质量高或低,也就无从谈起。

> YF5:感觉,我应该是(停顿)……感觉如果机会摆在我面前的话,其实会尝试一下,都去试试。我不设限,从小到大我都是坚持做自己喜欢的事情。

但如果有一定的就业期望,哪怕没有实际的探索、明确的承诺,也可获得一定的就业质量,有时所感知的就业质量还会较高。比如同样是研究生的受访者YF13,在一所高校同一个专业,读了本科、硕士和博士,都是应届生直升,中间没有工作实习经历。在博士毕业前一年他开始考虑就业的事,想从事律师等法务工作或当专业教师,体制内外无所谓,工资中等水平、离家近一点就可以。博士毕业后,他随意投了一所高校的专业教师岗,对方给了面试通知,一路顺利过关,最终被录用,之后也没有找过其他工作。对其现在所获得的工作,受访者 YF13 表示非常满意,愿意打 10 分(满分为 10 分)。虽然和其离家近一点的就业期望有差距,但本人、父母和伴侣都满意。

> I:导师对你的就业有什么期望吗?
> YF13:说去高校。
> I:爸爸妈妈期望你去做什么呢?
> YF13:可能也是比较希望我去高校。
> I:你现在在高校上班,跟原来的期望差距大吗?
> YF13:除了单位稍微远一点,其他都挺好的。
> I:如果不考虑家人的想法,你自己对目前这份工作满意吗?
> YF13:挺满意的。
> I:那 1—10 分,你给现在的这份工作打几分?
> YF13:10 分。我觉得能找到这样一份工作也是有一定的运气成分在的。

对于就业自我认同扩散型的大学生而言,虽然其具有一定的自我认知,比如对自己的学习能力、性格、人生态度等有清晰的认识,但由于其并无实际职业发展探索,没有求职准备和就业实践经历,所以和就业质量相关的自我意识模糊,其关于就业求职的身份,仅停留在其显著的子女身份或学历身份,从而导致其没有期望就业质量,看似要求不高,什么样的工作都可以接受,或美其名曰要做自己喜欢的工作,但对何为"喜欢"无法进行具体描述。职业自我的迷失,进一步导致其未来发展的不明朗。但没有就业探索,没有未来承诺,并不代表其就业质量无法评价,或一定很低。有时随遇而安,一份工作满足其基本需要,也能获得较高的就业质量,关键在于其内心是否有就业质量期望和实际就业行动(比如投简历、参加面试等)。所以,对于就业自我认同扩散型的大学生,要想获得高就业质量,就要附加一定条件,即就业质量高是有条件的。

自我认同是个人对生命历程中自我的反思,是对其生命意义、价值与未来方向的确认,是生理自我、心理自我和社会自我,理想我与现实我等相统一的过程。外在关键事件的发生,会加速或延缓自我认同,也会使认同的意义、内容发生变化。本章运用生命历程分析思路,站在自我认同视角,历时性分析了就业自我认同完成型、就业自我认同延缓型、就业自我认同早闭型、就业自我认同扩散型等四种不同类型大学生的就业历程、自我认同变化水平和就业质量评价结果。纵观其准备期、求职期和就业期的整个历程,我们可以清晰看到自我认同的变化和不同状态,并由此引发的就业动机、就业准备的差异,对大学生期望就业质量和感知就业质量切实产生影响,并最终影响就业满意度主观评价。综上所述,就业自我认同完成型的大学生就业质量高;就业自我认同早闭型的大学生就业质量具有暂时性高的特点,存在一定的不稳定性;就业自我认同延缓型大学生、就业自我认同扩散型大学生的就业质量较低,只有赋予一定条件才会高。

第三章

大学生就业质量
自我认同机制

机制,在现如今的政治、经济、社会、文化等各个领域中,被当作系统内部结构及其关系的描述。社会学理论认为,机制的含义有三点:一是事物各组织要素的联系,即结构;二是事物在有规律性的运动中发挥的作用、效应,即功能;三是发挥功能的作用过程和作用原理。机制,是"带规律性的模式",像"看不见的手",决定着事物的各要素结构、要素间如何运动和促成事物的发展方向和如何发展。对于机制的理解:第一是要认识事物内部各个结构要素,是机制存在的基础。结构要素、要素比例及相互关系都是机制的内容;第二是要了解,机制具有协调作用,事物并不是静态存在的,其内部各要素之间、事物与外在之间关系的协调、运作和维护都要依靠机制。机制的形成,包括内外因素的共同作用:第一,是内因的作用。事物本身要素结构相互协同或是竞争,形成一种内部力量,内部力量的状态和方向决定了事物发展的起点和发展方向,内部力量推动着事物发展和变化,这种变化可能是倒退、进阶,也可能是一种静止平衡;第二,外因的作用。在一个开放、交互的系统中,事物总是和外界保持千丝万缕的联系并相互作用影响。机制促成外部环境与事物各要素结构间信息联结和能量交换,外部环境对事物也产生一种力量。在外部力量的协调作用下,事物进一步发展和变化。机制,正是包含了内因、外因的共同作用的结果,可以进一步划分为自我定位机制、内在动力机制和外部调控机制。

自我认同,是个体关于自我的反思,解决的是"我是谁""我该做什么""怎么做"的问题。如前章所述,根据布瑞克森的个人、人际、集体的分类标准,大学生就业场域中的自我认同分为身份认同、角色认同和职业认同。因此,在探讨自我认同对大学生就业质量的影响机制时,我们将身份认同、角色认同、职业认同确定为自我认同的三个核心内容并分别加以研究。

第一节 大学生就业质量自我定位机制

在大学生就业质量生成场域中,每一位大学生行动者都有其"特定"并"流动"的位置。大学生获得某一位置,或想要变换其位置,都需要先明确"我是谁",即回答其是否具备位置所适配的特征及资本。探索与回答"我是谁"的过程与结果,也是大学生自我定位的过程与结果。如果大学生自我定位清晰准确,清楚与其位置相适应的就业目标是什么,其为实现目标所采取的行动才具有针对性、可行性和现实意义;如果大学生自我定位不清或者错误,则会导致就业目标设置不合理,采取的就业行动缺乏针对性,难以取得预期成效。

一、大学生身份认同探究

在现代社会,就业是个人获得社会身份的重要途径,就业质量的高低决定社会身份的内涵与高低。同时,对就业质量的预设和实际获得也是个体认同下身份的使用价值、交换价值、符号价值的体现。因此,身份认同和就业质量互为重要关系变量。那两者之间是如何相互影响的? 本部分试图探究身份认同对就业质量的影响机制。

(一)大学生自我概念和身份认同

基于身份认同的动机理论,人们会以一种被某种情境启动的身份来设定追求目标和采取相一致的行为。[①] 人们之所以为之或不为,取决于因情境而生的身份感知。已有研究认为对大学生期望就业质量和感知就业质量有较大预测作用的因素(人力资本、社会资本等),已不能完全解释大学生就业满意度个体主观差异。身份认同,作为非智力因素,是在生物学因素、人格因素、社会因素之外,对大学生的行为结果具有背景性因素的贡献。国内外学者较为一致地认为身份认同对大学生的学业表现等具有积极作用。[②③]

自我,是主体"我"对客体"我"的反思及能够自我意识到反思的一种能力。自我是一种活动,也是一种能力,它包含了思考的主体、思考的对象和意识到自己在

---

① Oyserman D. *Identity-based motivation*: *implications for action-readiness*, *procedural-readiness*,*and consumer behavior*. *Journal of Consumer Psychology*,2009,19(3),pp 250-260.

② Herrman S,Varnum E M W. *Utilizing social class bicultural identity integration to improve outcomes for first-generation college students*. *Translational Issues in Psychological Science*,2018,4,pp165-175.

③ 王纾:《研究型大学学生学习性投入对学习收获的影响机制研究:基于 2009 年"中国大学生学情调查"的数据分析》,《清华大学教育研究》2011 年第 4 期,第 24—32 页。

思考。有些学者则将上述因素统括为自我概念。[①] 自我概念是集自我认知、自我评价为一体，并为自己行动提供意义解释的认知性结构。自我概念的内容即自我中"主我"反思"宾我"的所有心理构想内容。自己对自己进行观察、反思和评价，涉及自己所处位置和所观察的内容。从观察者视角来看，主体可以基于个人主义视角（独立性和与他人的差异性等）、集体主义视角（群体相似性和归属感等）、沉浸式视角（自己的视角）、旁观者视角等不同位置来观察自我。在观察时，因为立场不同，对"我"的关注有可能集中于某一方面，而忽略另一方面。当然，人们在自我反思时，是组合运用以上观察策略的。人们在以集体主义审视自我与群体关系时，也可以站在旁观者的角度进行自我评述。因为被反思的"宾我"的内容不同，自我概念也呈现不一样的内涵。身份认同是被概念化的自我概念的某些方面或一部分。在某一情境中，个体对身份认同的内容、持续的时间、感受到的心理意义（功能）也会有差异。自我、自我概念和身份认同三者之间形成由外向内的嵌套关系（见图 3-1）。

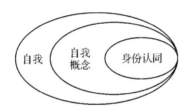

图 3-1　自我、自我概念与身份认同嵌套图式

（二）大学生身份异质化与特点

"身份"，《辞海》中将其定义为"人的出身、地位、资格"，《现代汉语词典》中将其解释为人在社会或法律上的地位或资格。从社会学角度分析，身份是个体在特定的社会结构中所占据的位置，这个位置可以是：继承得来的社会地位、以客观特征（如收入、职业等）或主观表征（如权利、义务、声望等）人为划分的地位、在社会等级制度体系或社会关系中的位置等。身份解决的主要是"是谁""是什么样人"的问题。在人类社会，最初人们在交往过程中依靠身份标志和表征来识别个体差异，按照各自身份所代表的位置建构社会结构和秩序。所以，身份是社会体系中最基本的结构。吉登斯也曾指出，身份既是社会结构二重性的条件，又是其结果。

---

① Owens T J，Robinson D T，Smith-Lovin L．*Three faces of identity*．*Annual Review of Sociology*，2010，36，pp477-499．

身份认同,则是对个体不确定和多样化的身份(位置)进行确定或获得,英文用"identity"来表达差异性和同一性的整体概念特征。

对于大学生而言,其身份的具体内涵因个体差异而有所不同,有群体身份和个体身份之分,如接受国家高等教育的学生身份便是其群体身份,而独生子女、性别、政治面貌等则是其个体身份。大学生在成长过程中对自我身份连续、协调统一的认同,即大学生的身份认同。身份认同的结构、重要性和完整度都会影响个体多元行为模式的抉择,并相应引发差异化就业质量。大学生在青春期之前,甚至是进入就业准备期前,其身份问题是不易为人所察觉的,因为其身份是相对稳固单一的,各种身份之间没有过多的交集对话,冲突更是少之又少。然而,进入就业准备期后,受社会结构与制度的限制,大学生围绕就业必须重新审视自我、规划自我,将各种身份协调统一以实现最符合身份价值的就业期待,身份问题成为大学生不得不面对和思考的问题。身份认同则是身份问题的集合体。大学生身份的多重属性再叠加时代、价值特性,塑造了大学生鲜明的身份特征。

第一,多重身份与身份约束。就个体而言,大学生的身份有先赋身份和后致身份,也称自致身份、成就身份。[①] 先赋身份,一般指大学生与生俱来的特质身份,比方说性别、年纪、籍贯、出生地、家族等,是无法更改的。后致身份,是个体后天自我建构的身份,如受教育层次、政治面貌、职业、社会声望等,是可变可塑造的。也有学者将身份划分为先赋身份、后致身份、制度性身份和社会表征身份。制度性身份是大学生自一出生就获得的身份制度之下的身份,如少数民族学生、城镇居民、农村居民等。社会表征身份是社会制度和文化对同一群体内部所有个体界定的统一身份,如"95后""00后"等。从就业阶段来看,大学生在准备期、求职期、就业期等不同时期分别扮演学生、求职者、职场人等不同身份。对于就业场域中大学生的身份类型,主要有三种考量:一是身份制的沿袭,大学生的家庭出身、家庭经济条件、家庭所在地等会与其就业质量的生成有密切相关性;二是社会表征身份的刻画,如大众眼中的"新青年""00后""职场女性"等称谓都有些约定俗成的期待和约束;三是文化性身份,主要反映大学生的高学历、高层次和高期待的特性。

无论是一出生就获得的某种身份,还是后天通过努力得到的某种身份,大学生的身份不是单一的、一成不变的,而是多重叠加的、富有变化的。大学生拥有既统一又矛盾的多重身份,但不是每一种身份都会被其意识到和凸显。在特定情境

---

① 石长慧:《我是谁?:流动少年的多元身份认同》,《青年研究》2010年第1期,第25—39,94页。

中,大学生会从其众多身份中做出选择,这时某些身份才会被激活,从而使大学生实现从一种身份到另一种身份的切换。对身份的清晰辨识和有效协调,是身份主体表明客观理性的隐性标志。如果处理不当,则会引发社会认同危机,严重者危及心理健康。大学中,农村大学生是"农村居民"户籍身份和"大学生"文化身份的统一体,在现行社会结构下,这种身份统一体实则是矛盾的。在就业质量生成中,大多数农村大学生都会进行身份选择,最终处于两者只能择其一的境地。这样的选择结果,证实人们既是社会生活的被动接受者,同时也是主动建构者。身份认同意味着个体对自我的能动性建构,是在事实性存在之上的自我辨别的结果,是个体自身具有的内部多样性和变化的确认。

身份认同涉及身份价值。身份本身象征着一种地位、一种价值。无论是哪一种身份,其背后意含着个体在交往互动过程中遵循的规则或规范。个体会根据自己的身份、对方的身份而做出一定的行为。如人伦体系中宗亲和氏族的长幼有序等认知。恩格斯也曾言,父亲、子女、兄弟、姐妹等称谓,并不是简单的名号,而是具有完全确定的、郑重的相互义务的称呼。但由于工具理性的存在,加上制度和结构的作用,先赋身份和后致身份等不同身份会因其身份意义不统一而发生矛盾,会引发身份认同危机等问题。而有些身份又是具有刚性的,一旦获得,要改变则非易事。如,在户籍身份制下,农村户口的大学生通过自致取得大学生身份,有望在城市谋得一份工作,使其和后辈的社会阶层向上流动,改变先赋户籍身份的代际传递。在这一过程中,他们所得到的机会更少,付出的努力往往要比城镇户口的大学生更多。

第二,自带光环与"眼高手低"污名。我国已进入高等教育普及化阶段,更多的人有机会进入高等学府,接受高等教育。"大学生"的头衔、称谓不再是"精英"的象征。但传统尊文崇礼的社会文化价值仍然存在,这使得大学生的身份仍然散发着天然的光彩。从人力资本角度来看,大学生接受过高等教育和专业培训,其素质禀赋和结构都要优于未接受高等教育的群体。大学生对自身的这种教育投资,会使其在劳动力市场上更受认可,从而获得更好的待遇。无论是以经济收入作为阶层的划分依据,还是以马克思的阶级理论作为区分标准,大学生的身份都自带"符号价值",被称为天之骄子、文化人、脑力工作者、人才、智力资源等。各地出台的人才政策也会对大学生给予特别关注和优待。如2021年浙江省杭州市市本级人才政策规定:"对来杭工作的全球本科及以上学历应届毕业生(含毕业5年内的回国留学人员、外国人才)发放一次性生活补贴,其中本科1万元、硕士3万元、博士5万元。对博士后出站留杭(来杭)补助安家补贴。"杭州市公安局于 2021 年 10 月 9 日发布的《关于调整杭州市大学毕业生落户政策的公告》中列明:自 2021 年 10 月 15 日起,具有全日制普通高校本科以上学历者(本科 45 周岁以下,不含 45 周岁;硕士 50 周岁以下,不含 50 周岁),在杭州市区落实工作单位并由用人单位正常缴纳社保的方可落户杭州;全日制普通高校博士研究生(55 周岁以下,不含 55 周岁)学历者,可享受"先落户、后就业"政策。但从这些人才政策中,我们看到对低于本科学历的大学生的区别化对待,对本科及以上学历大学生的差别"标价"。

　　然而,大学生在享受着身份带来的红利的同时也成为被诟病的一族,被贴上啃老族、咸鱼、花架子等诸多标签。首先是大学生就业结构性矛盾带来的就业难题。大学生的就业能力素质滞后于产业结构的发展和工作岗位需求,大学生在刚参加工作的一段时间内无法胜任职位,出现简单的事情不屑干、复杂有难度的事情干不了的"眼高手低"现象。用人单位人事 A 评价:"招大学生,工资给得高,活却干不了,还不如招些职高的学生,他们什么活都愿意干,还很珍惜岗位。"用人单位人事 B 说:"学历高的人有他的优点,语言表达会更有水平些,有些规划方面的事情可以让他们去做,但公司里也不可能一天到晚都是规划方面的事,还有些订物料、跑现场的活。大学生刚开始热情是高的,时间长了,觉得没技术含量就走了,不太留得住。"其次是"经济人"身份。在 1998 年,我国调整"统招统分"的大学生就业政策,实行以市场为导向,大学生和用人单位双向选择就业政策,大学生和其他劳动力一样进入劳动力市场流通。大量大学生像人口迁移理论所描述的那样,在期望收入和"投资—利润"的支配下,自发转移到一二线城市和沿海城市等经济发达地区,投身于高利益回报的岗位。城市户口、高收入、阶层跃迁等都成为大学生择业时首要考虑的因素。再次就是"边缘人"身份。近年来,大学生中"懒就业""不就业"的现象屡见不鲜,从一开始的个体行为发展成为一种群体现象,他们游离在劳动力市场之外,没有职业目标,没有就业行动,打着"还没想好""这些工作都不适合我""我的志向就是做一条咸鱼"等旗号逃避就业。这些内心缺乏自我动力的大学生是高校就业工作者的重点关注对象。认同理论强调的自我建构是个体与社会互动的产物,这些社会大众认知在一定程度上融入大学生自我认同。就业场域中被污名化的大学生身份,与其学生身份是分离的,大学生不再是简单的同质性群体,他们在建构自我身份认同中不仅有多重身份,还夹杂着各种不同甚至相斥的力量。

　　第三,自我阶段性建构与流动的身份。在空间效应中,身份认同表现为选择性、建构性。大学生的身份具有自我属性和社会属性。确定一种身份后,大学生会将自己归入同一身份群体,按群体意志行事。所以,大学生身份具有被选择性,而且是可塑的。身份只有在需要表明个体差异性和有不同群体存在时,才正式登场。个体会根据不同的时间和空间情境决定让哪一个"我"唱主角,身份认同也由此呈现阶段性和流动性的特点。

经过访谈发现,大学生随着就业质量生成的过程会产生四个阶段的身份认同变化,分别是无意识阶段、困境阶段、探索阶段和承诺阶段。无意识阶段通常在刚进入大学时,此时他们的生活主旋律是"新"和"忙",他们的注意力被新人际、新场景所吸引,更多的精力被投入新生活适应、各类始业教育和学生组织活动当中。在这些情境中,先赋身份被无差别对待,身边的同龄人也都有着同样的身份,不需要大学生对自我身份做出不同行为反应,因而对自我身份并无更多的体察。随着大学生活中需要自主选择的情境的增多,如选课、专业分流、学生组织纳新等这些与未来就业质量息息相关的活动出现时,他们在和同学比较的过程中产生了身份认同困境。大学生身份认同进入困境阶段。"为什么要这样选?""为什么我没被选上?"一次次的实践中,特别是在已有身份认同无法取得预期结果时,他们会试图分辨"我"与"他人"的差异,想在层层叠叠的影像中勾勒出清晰的自我。为了拨开这层云雾,他们不断探索、反思并尝试构建新的身份认同。他们有的通过各种实践强化自我肯定,为获得高质量就业而努力;有的为了高就业质量而舍弃"包袱"身份,积极以新身份示人;有的习惯于已有的身份认同,对未来就业方向、就业岗位并无多想;有的则陷入身份迷茫当中,对未来就业之路一片茫然。而进入承诺阶段的大学生,已获得了新的身份认同,并在由身份认同带来的归属感、安全感、公平感的支持下设定自己的高质量就业目标,并为之付出行动。这四个阶段的变化,体现了身份认同建构的完整过程。这个过程,是个体界定自我、指向完整自我的过程,是实现高质量就业的基础工程。当然,这四个阶段并不是每一位学生在就业质量生成过程中必须要经历的。有的个体可能不经历身份无意识阶段或身份探索阶段,而直接获得身份认同,实现就业质量生成中自我的界定。

在空间效应中,身份认同表现为可塑性、共生性和社会性。大学生的身份认同并不是固化的,而是随着情境转移而流动的身份认同。大学生通过对社会情境的有意义解读塑造出一个可与之互动对话的身份,在多个共生身份间有选择切换,以期实现与社会环境的动态平衡。外在流动是在社会时空结构中加以存续。从学校教育场域的就业准备阶段,到社会劳动力交换场域的就业求职和实际就业阶段,大学生的身份认同在不同场域不同阶段变化着。身份认同内在流动在个体社会记忆碎片中无声地形成。拥有不同生活经历的大学生,其社会记忆也会不同。社会记忆,有些是时代赋予群体的集体记忆,有些则是个体在与社会互动过程中形成的个人记忆。集体记忆和个人记忆相互交织,构成每个人独特的社会记忆。大学生个体按照这样的记忆来指导自己,对周围环境形成认知、评价并做出相应的行为。不论是身份外在流动还是内在流动,在社会时空和社会记忆的双重影响下,大学生的身份认同会完成情境性选择,也最终会为其就业质量生成奠定个性化的价值标准和行为选择。

二、基于身份认同的大学生就业质量自我定位机制

根据身份认同动机理论和期望地位理论,身份认同动机机制由三部分构成:一是情境启动了哪个或哪些身份;二是与被启动的身份相符的策略是什么;三是运用相应策略如何解释所遇情境。有学者以美国非裔青少年的少数群体为研究对象,发现在一些学习情境中,非裔这一身份认同对学生影响较为突出,导致学生会做出旷课、不写作业等消极行为。因为这些行为是与少数群体的身份相一致的,所以导致他们倾向于认为自己不可能取得学业成就。在这个机制中,个体感知到某个身份被激活后,会相应启动对应的自我概念(我是谁? 属于哪类人? 我应该、可以怎么做或不能做),由自我概念再确定自我调控。下面我们分三个方面来具体研究大学生就业情境中,身份认同如何定位大学生就业质量。

(一)就业情境中大学生显著性身份辨识

大学生具有先赋身份和后致身份。然而,并非所有身份在大学生就业过程中都能被唤醒启动从而成为显著性身份,进而对大学生就业质量生成产生影响。从大学生就业情境中提炼出的相关身份主要有 18 种,如学历身份(如专科生、本科生、研究生等,或某个专业的学生)、家庭身份(为人子女,或兄弟姐妹等)、性别身份、情感身份(男、女朋友)、团体身份(朋友、同伴、所属某个团体等)、户籍身份(城镇户口、农村户口)、地位身份(佼佼者、普通人)、社会公民、就业身份(学生、职业人、打工人等)、民族身份、时代身份、政治身份、地域身份等等。

通过对 1150 位大学生进行调查,发现大学生对自我身份感知存在差异,主要表现在数量和内容上,详见表3-1。从数量上看,当被问及在想到就业时,会想起的身份的数量(多选)最高值为18,最小值为1,平均值为2.93。这表明大学生虽然身具各种身份,但能被其感知的身份极少。排在前三位相对较多被想到的身份是学历身份、普通人和打工人,排在最后三位较少被想到的身份是城里人、组织身

份和民族身份。大学生常常对自己的身份存在一种"不自知"的漠视。常人理解中有着特殊意义的"00 后"时代身份、性别身份、民族身份,在大学生自身意识中并没有被特别对待。在和受访者的对话中,发现女性、少数民族等并没有受到特殊对待(优惠或歧视),用人单位更关注的是求职者个人能力,即是否胜任岗位。

表 3-1　就业情境中大学生显著性身份

	学历身份	普通人	打工人	城里人	民族身份	组织身份
人次	658	443	496	43	13	32

BF19:我是土家族,但少数民族找工作没有什么不一样。有些人会觉得我应该会享受到一些优惠政策,但其实并没有。倒是因为我是外地人,面试时会被别人质疑不稳定,觉得你可能在当地待不长,迟早要回去。

BF16:不利于我找到工作的身份? 让我想想,我还真的没有考虑过这个问题。我觉得户籍地和女生身份都有一点影响,适合女生的岗位会少一点,但我工作的岗位还是看专业和能力。他们会先问我有没有留在这里的意愿,如果没有长期发展的想法的话,他们肯定就没有那么想要招我。

BF12:女生从事本专业工作的不太多。我们公司就我一个女的,其他全都是男的。

I:你觉得作为女生在工作中会得到一些关照,还是说也和其他人一样?

BF12:差不多。如果你干活不行,老大还是会骂你,也不是骂你,就是用那种失望的眼神看你一下。

I:有没有因为单位里女生很少而受到特别优待?

BF12:没有。人家给你钱,你干事;你干不好,不就等着被辞退吗?

I:那会不会觉得你是女的,本身就会弱一点,有没有这种惯性思维?

BF12:那倒没有。

BM18:包括像您问到的,不管是年龄,还是性别,我平时不会刻意去聊这些东西。(为什么?)因为在之前创业过程中,我都会主动跟客户去接洽,去谈判也好,去社交也好,去应酬也好,都是有的。在这过程中,其实你一味强调年纪,有时候可能不是一件好事,像上面说的性别问题,这些都是属于一个社会共性的问题,大家都一样的。

只有具体到某一情境中,大学生对于自身身份才会有更进一步了解,当下的身份才可能被"唤醒"。在被给出的18种常见身份中,1150名被调查大学生在就业情境下做出了不同选择,如表3-2所示。其中每种情境下选择较多的前三个身份分别是:

如果和找工作就业相关,最先浮现在脑海中的身份是学历身份、打工人和普通人,次数和占比分别为592,51.5%;153,13.3%;128,11.1%。

如果和找工作就业相关,最引以为豪的身份是学历身份、其他身份和普通人,次数和占比分别为437,38%;101,8.8%;83,7.2%。

大学生排斥最不愿提及的身份是其他身份、学历身份和普通人、打工人,次数和占比分别为273,23.7%;221,19.2%;89,7.7%;88,7.7%。其中选择普通人和打工人的占比一样,均为7.7%。

大学生最想改变的身份是学历身份、其他身份和普通人,次数和占比分别为397,34.5%;197,17.1%;168,14.6%。

大学生最讨厌的身份是其他身份、学历身份和普通人,次数和占比分别为312,27.1%;227,19.7%;163,14.2%。

大学生最期望别人认可自己的身份是学历身份、佼佼者和职业人,次数和占比分别为331,28.8%;221,19.2%;153,13.3%。

大学生认为对其就业质量影响最大的身份是学历身份、其他身份和学生身份,次数和占比分别为613,53.3%;165,14.3%;49,4.3%。

大学生认为最有利于其获得高质量就业的身份是学历身份、佼佼者和其他身份,次数和占比分别为669,58.2%;159,13.8%;113,9.8%。

表3-2 就业情境中大学生的身份意识

身份	最先身份		自豪身份		排斥身份		改变身份	
	次数	百分比	次数	百分比	次数	百分比	次数	百分比
1	592	51.5%	437	38%	221	19.2%	397	34.5%
2	31	2.7%	32	2.8%	55	4.8%	28	2.4%
3	15	1.3%	10	0.9%	67	5.8%	17	1.5%
4	6	0.5%	3	0.3%	9	0.8%	10	0.9%

身份	最先身份		自豪身份		排斥身份		改变身份	
	次数	百分比	次数	百分比	次数	百分比	次数	百分比
5	8	0.7%	7	0.6%	61	5.3%	28	2.4%
6	19	1.7%	62	5.4%	31	2.7%	16	1.4%
7	128	11.1%	83	7.2%	89	7.7%	168	14.6%
8	20	1.7%	50	4.3%	1	0.1%	4	0.3%
9	59	5.1%	77	6.7%	47	4.1%	82	7.1%
10	37	3.2%	68	5.9%	6	0.5%	7	0.6%
11	153	13.3%	75	6.5%	88	7.7%	93	8.1%
12	0	0	0	0	3	0.3%	0	0
13	10	0.9%	47	4.1%	35	3%	18	1.6%
14	1	0.1%	2	0.2%	85	7.4%	49	4.3%
15	9	0.8%	61	5.3%	27	2.3%	21	1.8%
16	2	0.2%	13	1.1%	7	0.6%	0	0
17	22	1.9%	22	1.9%	45	3.9%	15	1.3%
18	38	3.3	101	8.8%	273	23.7%	197	17.1%
合计	1150	100%	1150	100%	1150	100%	1150	100%

身份	讨厌身份		他人认可		最有影响		有利身份	
	次数	百分比	次数	百分比	次数	百分比	次数	百分比
1	227	19.7%	331	28.8%	613	53.3%	669	58.2%
2	40	3.5%	29	2.5%	32	2.8%	45	3.9%
3	44	3.8%	7	0.6%	16	1.4%	4	0.3%
4	7	0.6%	12	1%	13	1.1%	7	0.6%
5	41	3.6%	14	1.2%	12	1%	8	0.7%
6	7	0.6%	221	19.2%	27	2.3%	159	13.8%
7	163	14.2%	74	6.4%	80	7%	14	1.2%
8	2	0.2%	37	3.2%	8	0.7%	9	0.8%

身份	讨厌身份		他人认可		最有影响		有利身份	
	次数	百分比	次数	百分比	次数	百分比	次数	百分比
9	44	3.8%	15	1.3%	49	4.3%	20	1.7%
10	5	0.4%	153	13.3%	29	2.5%	41	3.6%
11	125	10.9%	39	3.4%	34	3%	15	1.3%
12	0	0	0	0	0	0	3	0.3%
13	31	2.7%	20	1.7%	15	1.3%	5	0.4%
14	58	5%	12	1%	25	2.2%	10	0.9%
15	11	1%	25	2.2%	20	1.7%	17	1.5%
16	3	0.3%	9	0.8%	5	0.4%	6	0.5%
17	30	2.6%	5	0.4%	7	0.6%	5	0.4%
18	312	27.1%	147	12.8%	165	14.3%	113	9.8%
合计	1150	100%	1150	100%	1150	100%	1150	100%

从统计结果来看,大学生对于自身的学历身份是非常在意的,无论是求职时的一块敲门砖,还是排斥、今后想改变的身份,或是有利于自身获得高就业质量的身份,大学生无一例外都会将自己现在的学历(包括专业)身份印记刻画在脑海当中。对现有学历身份的不满或想改变,主要缘于大学生希望从低学历层次向高学历层次流动,如专科生希望继续读本科,本科生继续深造研究生。另外一组身份,如佼佼者、职业人和普通人、打工人,在不同场合下大学生也是十分在意的。从中,我们既能感受到大学生在求职时作为被选择者的弱势心态,也能体会到他们期盼快速成长为职业人,被职场认可的急切心情。此外,大学生的其他身份也值得我们关注,这里有大量未知的个性化的自我认同,也是个体区别于他人的部分。比如大学生自我认同中,对自己性格的认知日趋完善,在谈论到某种身份有利于自己获得高就业质量时,会归于自己是某种性格的人,认为这种性格是其成功的关键。

BF16:一般来说,我会形容自己是一个踏实奋进的中共党员。(为什么呢?)因为我觉得不管是擅长的还是不擅长的,不管是领导交给我的任务还是在学生会做部长或主席的那段时间里,老师交给我的任务,只要我能做的都会很踏实地把它做完。我觉得自己不论是学习、工作,还是生活当中,都是比较踏实的类型。若说奋进的话,我是一个会把目标先设定好的人,然后一直朝着目标去奋斗,除非遇到一些不可抗力的因素,让我没有办法前进了,才会放弃那个目标,所以我就觉得自己是一个踏实奋进的人。同时,党员这个身份也会让我在言行举止上多约束自己,提醒自己做好应该做的事,多为集体做贡献。

(二)身份唤醒后大学生就业质量期望

具体到就业情境中,大学生不论身份如何,对高就业质量都是有期待的。然而,根据身份认同动机理论,每个大学生个体在脑海中首先被激活或突显的身份是不同的,在对被启动身份认同的基础上采取不同的身份价值策略,并由此产生不同的就业质量期待。为了实现自我期待的就业目标,大学生会规划自己的就业行动方案,将对取得的就业机会进行评价,从而生成就业质量。我们构建的就业情境中大学生就业质量身份认同动机模型如图 3-2 所示:

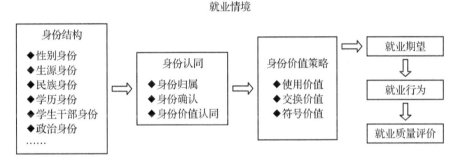

图 3-2　大学生就业质量身份认同动机模型

对模型中各要素展开说明如下:

就业情境。根据大学生就业进程的不同,就业情境也可以进一步细分为就业准备情境、就业求职情境和就业任职情境。每种情境都对应特定的时空、人物和事件。就业情境和身份认同之间是动态交互关系。大学生在不同情境下构建动态身份,身份认同也会呈现相同或不同的内容、功能和结果。在即刻情境下,脑海中浮现哪个身份,该身份有何意义和行为暗示都是不固定的。同时,人们也根据认同的身份来设定目标、采取行动,在认识世界的同时改造世界。认同的这三种不同的就业情境,同时也是就业质量生成的必经情境。

身份结构。身份是个体区别于他人或其他群体的个人特质总和。一个人可以有区别于不同群体的多重身份。就业情境中,显性并与就业质量息息相关的身份类别,包括民族身份、性别身份、户籍身份(城镇户口或农村户口)、学历身份、政治身份(党员或团员)等等。在前面的分析中,我们探索了大学生在不同就业情境中,会因何种因素触发何种身份。

身份认同。在具体就业实践中,不能仅参照大学生客观身份来预设就业质量,而是要关注其内心对已感知的某一身份或部分身份是否接纳,是否进行个性化的意义解读。判断是否达成身份认同,可以把握这三点:一是大学生明确自己属于哪个群体,即拥有何种身份;二是大学生明确自己的身份所应承担的权利和义务;三是大学生认同身份归属群体的共同价值。需要注意的是,身份认同指向的不仅是已感知的身份(过去是谁,现在是谁),同时也包括了构建的未来身份(将来想要成为谁)。身份认同的达成要历经类化、认同和比较三个阶段。

身份价值策略。在就业市场机制之下,大学生作为劳动力商品在劳动力市场遵循价值规律进行交换以实现价值。作为可交换的商品,大学生的身份同样具有三重价值属性:使用价值、交换价值和符号价值。使用价值和交换价值是大学生在就业系统社会互动中体现的自然属性和本质属性,符号价值则是让·鲍德里亚提出的"大学生商品"所具有的第三种属性。具有使用价值,是大学生实现就业首先要满足的基本条件,即大学生所从事的工作能够让其发挥所学和能力。使用价值反映的是大学生的本真诉求,像商品一样要具有"实用性"和"功能性",满足岗位所需。交换价值是在满足大学生"我可用"需求的前提下的另一个属性,大学生希望通过就业实现人力资本等付出资本的变现与回报。而符号价值,则意味着就业不仅能带给大学生"天生我材必有用"的成就感和一定的薪酬福利,而且能够带给其具有象征意义的符号体系。大学生凭借该符号体系获得一种身份符码和个性特征,确定自己在社会关系网络中的地位、声望和特定的行为模式、文化惯性,实现自我身份认同。社会身份符号对于个体在社会性实践中遵守和维持符号秩序至关重要,它解决了归属感与社会阶层认同感的问题。

将符号价值放在首位的大学生认为,其接受过高等教育,理应从属于既定的社会阶层,有特定的阶层文化和阶层待遇,就业质量要能反映其社会阶层特质,并与其他社会阶层相区别。在找寻适宜的就业机会时,大学生会自觉关注收集兼具"示同"和"示异"的身份阶层文化有效信息。在求职接触和工作交往过程中,对符合其设定的阶层文化表示欣赏和屈从,自身的行为和惯习也表现出与该文化相似的特征。所以,左右大学生就业行为和选择的是大学生身份认同驱使下的特定身份阶层文化。这种特定身份阶层文化的形成,一是以从众效应为主导,大学生仿效校园中或同龄人的多数群体或团体的文化认知去理解、尊重该文化,并做出价值体验,这背后体现的是大学生随大流的一种意识心态。二是以势力效应为驱动,大学生放弃大多数同质群体的选择,而做出标新立异、与众不同的就业选择。某些大学生选择就业机会,是为了从该就业机会中获得稀缺和尊贵的体验,以体现他们的独特与别致。这背后的动机往往是大学生的一种求异和排他意识。三是受凡勃伦效应的影响,有些大学生选择去基层就业,基层的锻炼和低收入肯定不是其所追逐的价值,精神上的被尊重、被需要更能让其感到满足。不论受何效应驱使,大学生对身份符号价值的重视,相对来说就是对身份使用价值和交换价值的忽视。

第二节 | 大学生就业质量内部动力机制

自我认同包括个体对自我角色的确认，以及一系列个性行为的统一。哈贝马斯基于"自我—社会"的关系认为，自我认同的实现得益于个体与社会在结构上的共生性，并通过"沟通"作用实现集体与自我认同的角色扮演。[①] 如果说，身份认同解决的是"我是谁"的问题，那么角色认同主要针对的是"我该怎么做"的问题。对于大学生而言，不论性别、出身如何，都在其人生舞台上扮演着不同的角色，同样，其在就业质量生成的过程中也身兼多种角色。大学生在各类关系中扮演着怎样的角色？角色数量、角色体验和角色行为是否会对大学生的就业质量产生影响呢？如果有，又发挥了什么作用？

一、大学生角色认同研究

（一）角色和角色认同

"角色"，最初由拉丁语"rotula"派生而来。这一概念的提出始于 20 世纪 20 年代社会学家格奥尔格·齐美尔的《论表演哲学》一文，后在 20 世纪 30 年代"角色"一词才被专门用来谈论角色问题。角色，既指演员们舞台上所扮演的剧中人物，也可比喻生活中某种类型的人物。社会角色，在莱威看来是由特定社会结构分化的社会地位，而纽科姆将其定义为占有一定社会地位的个人所做的行为。彼德尔将角色视为行为或行为特点。林顿、安德烈耶娃解释角色是个体根据他在社会中与他人互动所占有一定地位的行为期待或规范。角色是一个人在一定社会背景下所表现出的行为特征，是社会中存在的对个体自身及其行为的期望系

---

① 哈贝马斯著，郭官义译：《重建历史唯物主义》，社会科学文献出版社 2000 年版。

统。① 这个期待系统既包括自我期待系统,也包括社会期待系统。综合来看,角色包含三个方面的含义:个体与他人互动中所占有的一定地位;有符合地位的个体或社会期待;有一定的行为方式或行为特点。本书中所指的角色,主要围绕该概念内涵而展开,即讨论大学生个体应当承担什么样的责任义务和如何履行其责任义务。此外,角色概念强调了个体在参与社会活动中所发挥的作用,不同的角色意味着不同的责任范畴、重要程度和影响力。基于符号互动论或认同理论,学者们将角色认同视为自我建构的一部分,强调自我的社会属性,而否认自我是独立于或早于社会的存在。人们在社会中扮演了各种角色,不同角色赋予了自我概念不同的解读。对于社会生活中的每一个角色,个体不仅要有效地将它们区分开来,还要承担对应的角色责任。

角色认同,是个体基于社会结构和社会环境,通过互动行为而建构的,是对某一特定社会地位的特定认同。实现角色认同要满足四个基本条件:一是个体要处于一个特定的地位,不同的社会结构和社会环境会产生不同的社会位置;二是个体要与社会进行互动,在互动中让他人理解和知晓自己所扮演的角色及意图塑造的形象;三是个体的内在认同要与其外在角色相联系,扮演哪一种角色、如何扮演都体现了个体的内在认同,并可被他人所观察到;四是对角色的理解领悟具有个人色彩,由自我对角色赋予意义。虽然个体受群体、社会的规制文化影响,但个体同时也具有能动性。所有的角色认同,都是个体关于如何看待处在特定社会位置上行动的自我知觉。角色认同是定义自我概念的内化的角色期望。黄希庭将角色认同理解为与角色一致的具体态度和行为。② 归纳上述定义,大学生的角色认同,即大学生对其某一角色或一组角色的认识理解、接纳和实践。角色认同和身份认同既有相同之处,又有不同之处。相对而言,大学生的角色认同,更多体现为对角色所应肩负的责任义务的认可以及按角色设定的规范行事。

(二)大学生就业角色认同

斯特赖克认为角色认同与否,关键在于对于角色的"承诺",即"个体对自己扮

---

① John W Thibaut, Harold H Kelley. *The Social Psychology of Groups*. New York:John Wiley & Sons,1959.

② 黄希庭:《简明心理学词典》,安徽人民出版社 2004 年版,第 196 页。

演角色的一种从内在或外在予以维持的意图"①。对承诺进行观测,会发现大学生角色认同有积极认同、消极认同以及处于中间状态的认同,而并非简单划分为积极和消极二元状态。这三种状态分别是:角色适应、角色对抗和角色懈怠。三种不同角色认同状态都包含了"知、情、意"的内涵。角色适应是指大学生个体与其大学生角色一致的行为表现,是一种积极的角色认同,在本书中理解为大学生对其求职者角色的定位、体验与承诺。如"我知道为了理想的工作该如何学习、实践、生活""我的未来目标清晰而有计划""我知道自己的责任是什么""求职就业中,我对所承担的角色感到快乐""我能主动投入求职就业的不同阶段中"等等。角色对抗,是大学生在感觉不同角色期望间存在矛盾时产生的消极体验或采取的对抗行为,是一种消极状态的角色认同。角色期望可以是自我期望与社会期望,也可以是理想期望与现实期望等等。如"求职就业中,我经常会面对一些相互矛盾的要求并为此烦恼""求职就业中,我经常被要求做一些我不想做的事情""求职就业中,我经常为了一些事情而不得不放弃另外一些事情""求职就业中,凡是父母、老师要求我做的我总是反着做"等等。角色懈怠,是指大学生在求职就业过程中对已知的角色承诺产生的一种懈怠或倦怠的情感体验和行为表现,是介于积极认同和消极认同中间的一种状态,往往表现为"不作为"或"拖延"。如"我把大量时间花在了和找工作无关的事情上""求职就业中,我感到打不起精神的时候很多""我投入在找工作或工作上的精力比应该投入的少""对于考证、参赛等有利于找到好工作的事,我一个也不参加"等等。角色认同在个体的生活经历中发挥着重要作用。大学生通过角色认同,逐步内化、整合和建构自我,由此带来不同的行为和行为结果。角色适应、角色对抗和角色懈怠,并不都是个体自发产生的,处于何种状态主要在于个体如何看待和协调多重身份间的关系。

人们认为,角色认同能够影响个体自尊、幸福感、胜任力、自我效能感,并正向影响行为绩效、生活满意度。② 由此推测,如果大学生角色认同度高,能够在求职过程和实际工作中适应相应角色,按自我和社会期望做出应对,对自我和自我应承担责任有准确清晰的认知,能够对适应当下环境的自我多一份肯定,其行动的

① Howard P L,Stryker S,Serpe R T. *Linking the cognitive perspective and identity theory. In J. A. identity salience and psychological centrality: Equivalent, overlapping, or complementary concepts?. Social Psychology Quarterly*,1994.57(1),pp16-25.

② 周永康:《大学生角色认同实证研究》,西南大学博士学位论文,2008 年,第 34 页。

积极性和自我效能感就会更高,相对会形成较为客观的期望就业质量,并为了获得高就业质量而主动投入,积极迎接挑战,从而其实际感知的就业质量较为理想,工作满意度也较高。如果大学生持消极角色认同,处于角色对抗抑或角色懈怠状态,则可能无法清晰准确地理解自我和自我应担负的责任,甚至不愿去探索或加以了解,对当下或未来的自我持否定的态度,无法做出与自身期望和社会期望相符的行动或者无力行动(心里清楚责任所在和行动方案,但实际行动达不到要求或难以持续),无法解决求职过程或工作中的种种困难,从而采取消极怠工、逃避或是对抗行为。没有或不去想就业质量,对感知就业质量作较低评价或不作评价,通常表现为"无所谓""都可以",从而也无工作满意度可言。

(三)大学生显著性角色

斯特赖克(Stryker S.)认为,个体拥有大量角色,如果对某一角色认同度越高,在相应情境中就越可能扮演该角色。[①] 高等级的角色认同,对人们行为的影响要大于那些低等级的角色认同。因此,如果一个大学生,认同其求职者的角色和进入职场后作为职业人的角色,并认为该角色很重要,那么这两个角色在其生活中将带来主导性的情绪和行为,即大学生的时间、精力及关注点和重心会放在求职和工作中。相对而言,作为学生或子女的角色考虑和行为相应会排在后面一些。托马斯(Ng Thomas W. H.)等人认为,个体显著性角色认同总是与特定的生活情境相关联[②],显著性角色认同为人们解释和应对生活提供了框架。

大学生活是丰富多彩的,相应大学生的角色认同也是众多的,不同角色认同构成了大学生的角色系统。综合来看,大学生角色生活有学习、社会实践、人际交往、情感体验(恋爱)、政治追求、公民行为(做志愿者)、职业准备等。对于一些认同度高的角色,大学生承诺和投入也会高,这些认同成为大学生的显著性角色认同。显著性角色认同会成为大学生生活和未来发展的指向灯。笔者通过对1150名大学生进行调查,对其不同生活情境中的角色进行排序(见表3-3),以了解大学生角色生活中的显著性角色认同。卡雷罗(Peter L. Callero)认为显著性角色认

---

① Stryker S, Burke P. *The past, present, and future of an identity theory. Social Psychology Quarterly*, 2000, 63(4), pp284-297.

② Ng Thomas W H, Danriel C Feldman. *The School-to-work transition: A role identity perspective*. Journal of *Vocational Behavior*, 2007, 4(10), pp1016.

同的排序指标按照重要性来进行。[①] 个体在综合自我认知、体验、社会评价等各方面因素后,对某一生活领域的角色按重要性进行主观排序,判定何种角色对其更重要。借鉴重要性程度排序的方法,我们可以绘就大学生在重要性、自我期望、社会期望、自豪感、快乐度、投入度、实际收获方面的角色生活。通过观察大学生实际生活和判断其显著性角色(核心角色),来把握其期望就业质量和感知就业质量影响机制及努力提升方向。如前述,对 1150 名大学毕业生问卷调查结果如下,数值越小,表明其显著性越强,详见表 3-3。

表 3-3　大学生显著性角色认同排序表

	学习	社会实践	职业准备	人际交往	情感体验	公民行为	政治追求
重要性	2.17	2.76	3.06	3.66	5.05	5.48	5.83
自我期望	1.72	2.89	3.50	3.71	4.85	5.51	5.81
社会期望	1.87	2.63	3.32	3.97	5.23	5.38	5.59
自豪感	2.02	2.77	3.64	3.64	4.80	5.4	5.73
快乐度	2.59	2.92	3.87	3.32	4.06	5.32	5.92
投入度	1.75	2.84	3.62	3.62	4.70	5.46	6.01
实际收获	1.91	2.81	3.49	3.64	4.69	5.51	5.95

　　大学生显著性角色认同按照重要性、自我期望、社会期望、自豪感、投入度和实际收获进行排序,结果由高到低依次为:学习→社会实践→职业准备→人际交往→情感体验→公民行为→政治追求。

　　按照快乐度排序的大学生显著性角色认同结果,由高到低依次为:学习→社会实践→人际交往→职业准备→情感体验→公民行为→政治追求。

　　就统计结果来看,大学生根据各种标准形成的自我意义,以此对显著性角色进行排序,学习在七个指标中均排第一,表明大学生首先认为自己是一名学习者,这是大学生在生活各个领域中排在第一位的角色认知。不论是自我期望、社会期望,还是投入的时间、精力以及带给自己的快乐、收获,让自己引以为豪的都是学习。冯延勇的研究(2006)表明,学习是个体获得经验,并使个体已有心理结构发生适应性变化的多层次、多侧面的心理活动。不论大学生所学专

① Peter L. Callero. *The meaning of self-in-role：A modified measure of role identity*. *Social Force*,1992,7(2),pp 485-501.

业是否是其第一志愿录取专业,不论他们是否喜欢所学专业、是否看好专业前景,学习者的角色都要求大学生必须投入一定的时间和精力,以完成相应的学习任务。职业准备,在六个指标中均排在第三位,有一个指标排在了第四位(快乐度)。这表明大学生对职业准备还是较为重视的,在一定程度上,职业准备是大学生关注和不可回避的。大学生知道为了获得一份工作,或为了高质量就业,不得不为,只是在实际准备过程中,会有迷茫、焦虑等情绪出现。

二、基于角色认同的大学生就业质量内在动力机制

在后现代社会,考察大学生就业质量生成,角色认同成为不可回避的因素。在吉登斯看来,传统社会或前现代社会中的角色认同,其实只是个体被动接受外在规制后的不得不为,其几乎没有选择,只需要遵从执行。在我国大学生就业未实行双向选择之前,大学生就业是按计划分配的,在个人就业方面没有主动权和选择权,相应地,就业时大学生感知的角色是经过国家高等教育培养的人才,其他如性别角色、家庭角色等不突显,此时的角色使命就是服从分配。所以说,那个社会背景下大学生就业场域中的角色认同,虽有认同,但认同的角色是单一的,内容也是单一的。而到了后现代社会,权威多元化、仪式感的缺失、自我两难处境等情形的增多,大学生的生活中充满了选择,这同样体现在其就业质量生成的过程中。大学生内在、自主地选择,让其自我被不断重构。在这种情况下,大学生的角色是多元的,角色脚本也有多套,因此,在后现代性的当下,讨论大学生就业质量,就不得不面对角色认同的问题。在众多角色中,大学生可以选择承认或不承认某个、某几个角色,对所认同的角色应当如何扮演,也有自己的看法。如果说,传统或前现代社会中大学生的角色认同是先向外,再向内的话,那后现代社会中大学生的角色认同是先向内,再向外,个体的主动性会被更多地展示。就业质量的个性化色彩更浓,个性化也被关照得更多。对大学生就业角色认同过程进行操作性界定,此即大学生对其就业质量生产过程中所承担的角色进行认知、体验和采取与所扮演角色一致的行为的过程。从认知、情感体验和行为的整个心理过程来看,大学生就业角色认同过程包括角色获得、角色确认、角色体认和角色扮演。

(一)大学生就业角色获得

角色认同的前提是角色的获得。角色获得是个体在特定交往互动建立的社会关系中产生的。社会关系本身就是一个结构。这个结构由物质的或各种象征性标志划分的无数个位置组成,每个位置都与特定的角色相联系。明确在不同关

系中的位置后,个体会设定并引导他人对角色行为的预期。由此可见,作为社会客体的大学生的所处情境,即处于就业场域不同情境下大学生位置的确定,关乎大学生就业质量生成中不同角色的获得。

在一个既定的互动关系组成的结构中,不同个体的位置大致分为上位、下位和平位,对应的个体分别为支配者(支配型)、被支配者(顺从型)与平等对话者(和谐型)三种。至于处在什么样的位置,取决于大学生在就业场域中与相关主体的对话与斗争,比如大学生与其父母家人、与代表国家和社会的学校老师、与用人单位和社会机构、与同学同伴等不同关系群体都会发生位置的争夺。除个体间达成和解、彼此间以平等方式进行对话之外,按达伦多夫的理解,其他斗争的结果无非是决出支配者与被支配者。在这个关系群体中,支配者总是想方设法维持自己的地位以获得期望权力,而被支配者要么奋起斗争改变现状,要么安于现状。处于支配地位或被支配地位的个体,会有各自的目标、策略和行动。当然,这种关系中的位置也是动态发展的,并非一成不变。

角色认同形成依赖于特定场域中不同主体的位置、资本及惯习。就业场域中,大学生社会交往关系网络中分别有亲朋好友、同学、老师、就业单位领导和同事。根据信任程度不同,大学生社会交往对象分为三类:一是亲属信任,包括亲朋好友、同学;二是单位信任,包括就业单位的领导、同事和客户;三是一般信任,包括老师、熟人、网友等。本书在访谈中,通过"就业选择时哪些人的意见和建议对你影响大,具体是什么""为了就业您寻求过哪些人的帮助"等问题来确认大学生社会关系网络的范围、强弱和依赖程度。经过访谈发现,大学生社会关系网络以就业前的亲属信任和就业后新建的单位信任为主,角色认同和就业质量评价受其中的强关系影响显著。而一般信任辐射的弱关系,对其角色认同虽有影响,但并不显著。

大学生的社会交往群体中,两类强关系群体对其角色认同和就业质量生成影响较大。一个强关系群体,主要是以血缘为基础构筑的社会关系网络,其中包括大学生父母、亲戚等。他们的经济收入、社会人脉资源、职业声望、受教育水平等都将会转化为大学生的原始社会资本,而且直接影响大学生的自我意识形成。另一个强关系群体,是基于地缘关系构建的关系网络,包括大学生就业所在单位的各级负责人,特别是其直属领导、职场榜样人物和同事。因为身处同样的社会空间,有着同样的经历、角色,他们作为大学生的新生社会资本,对其角色认同和就业质量起到不可忽视的作用。这两个强关系群体的社会网络各自独立,大学生在这两个群体、社会网络间游走。这两个基于血缘和地缘基础组建的强关系群体,虽然性质不同(前者是非正式组织,后者是正式组织),但大学生和他们的关系都非常密切。通过交往互动,强关系群体的价值观形塑生活实践和就业阶段的大学生。

(二)大学生就业角色确认

角色总是同角色责任和社会期望相关联的。角色身份理论强调在身份凸显和显著性身份排序后,必经自我确认这一重要过程,大学生由此形成自己的身份标准。身份标准包括大学生理解的角色意义和规范的角色认知。自我确认理论和情感控制理论等都有相似的观点:自我确认对个体而言意味着触发行动的调节器,发挥着显著的动机触动作用。当情景与个体身份标准保持一致时,个体会关注自身,通过行动来保持自我与情景的一致,避免情景干扰。在新中国成立之初,《中国人民政治协商会议共同纲领》中规定,当时国家所需的人才是为人民服务的国家建设者,是没有封建、买办、法西斯主义思想的人才。1958年的中共中央、国务院《关于教育工作的指示》和1978年的《中华人民共和国宪法》均明确教育旨在培养有社会主义觉悟的有文化的劳动者。在这一阶段,大学生就业就是满足国家的期望,听从组织分配安排。改革开放后,社会期待发生了一定变化。1982年党的十二大提出青年要做"四有"人才,要成为德智体全面发展的社会主义建设者和接班人。进入大学生就业市场化阶段,国家强调大学生要成为德智体美劳全面发展的专业型、创新型和实践型人才。

角色认知是角色扮演的基础和前提。个体是社会群体中的一员,当个体意识到自己归属于特定的社会群体时,便会依循社会群体特有的情感和价值意义,在意识和行为上表现出对"我们"和"他们"的区分。费孝通曾说过,人们的自我认同或自我意识,是通过"我看人看我"的方式形成的。[①] 人们在社会交往中根据自身角色形成自我概念,自我概念又发展成为自我角色意义。自我认同在某种意义上即对自己所处社会结构位置的判断的确认,也即自我社会认同。角色认同是自我认同中的重要结构。社会认同体现的是自我对周围社会的信任与归属以及对权威和权力的遵从。

大学生在形成期望就业质量和感知就业质量的过程中,将自己视为特定角色承担者,与对应或对立的角色进行互动。他们将自己划为内群体的一员,按内群体的期望和标准而行动,产生与外群体对应者角色不同的知觉和行动。综合分析大学生在就业场域中主要的四种对应角色关系:精英和大众、学生和职业人、为人

---

① 费孝通:《我看人看我》,《读书》1983年第3期,第99—103页。

子女和独立个体、天生弱者和天生强者。大学生的角色定位不同,其就业动机和就业行为也会不同,从而呈现不一样的就业质量。

第一,精英和大众。研究表明,有63.6％的大学生初次就业时的角色认知为普通劳动者,有36.4％的认为自己是精英一族,与社会期望角色存在一定差距。[①]将自己定位为精英的大学生,他们的就业要能体现他们的优越感——行业要前沿热门的,岗位要能管理他人的,工资薪酬要比身边同学的更高。特别是"抱有学而优则仕"观点的学生,考公务员、事业编成了他们就业时的不二选择,哪怕一战失败,也会二战三战,直至成功。

> I:以后还会顺着这个方向走下去吗?继续做技术编程。
>
> BF12:先考研,或考公,有"铁饭碗"最好。
>
> I:还要再去考研?
>
> BF12:对,明年考,现在本科学历又干不了什么,最起码得是个硕士。
>
> I:你们单位不是比较偏重技术性的,只要你能做就行了。
>
> BF12:但是有一个好学历的话,工资就会高很多,到哪都是看你学历的。
>
> …………
>
> I:你觉得,最有利于你找到理想工作的是你的哪个身份?
>
> BF12:应届大学生。因为很多编程类岗位,你要不是应届生的话,他会要求你有1—3年或者3—5年的编程经验,比如参与过哪些项目和工程,会什么有效代码等。就会有各种工作经验、实践经历的要求。

第二,学生和职业人。托马斯等人在2007年曾探讨大学生从学校走向职场,其学生角色与职业人角色的转换问题,并提出了STWT模型。他们认为,个体的自我概念是由多重角色的意义构成的,在大学生拥有的多重角色认同中,某些角色认同比其他角色认同更重要,如何自我定义具有决定性作用。对于大学生个体而言,在准备期、求职期和就业期不同阶段中可将自我定义为学生或职业人,或同时身兼两种角色。这两种角色对应不同的行为并且相互影响。角色行为的差异也带来期望就业质量和实际就业质量的差异。

---

① 陈杰英:《大学生初次就业角色定位对就业影响的实证分析》,《青年探索杂志》2008年第6期,第67—73页。

I：你觉得，哪个身份最不利于你获得一份满意的工作，或者笼统地来讲，哪个身份会阻碍你获得一份想要的工作……

BM18：就我目前接触下来，一个是"双非"学校毕业生，另一个是本科毕业生。没有将学历提升到硕士或者更高的层次，确实会让职业发展受限。

I：哪个身份最有助于你拿到这个职位？

BM18：我认为是曾经的创业经历。但在求职时，如果我着重去介绍自己曾经是一个企业的组织者就不是很合适，可能重点会放在一些丰富的工作经历上面。因为在求职过程中，不管是面试也好，还是和领导聊天也好，之前的那些工作经验可以成为很丰富的谈资，也能让大家更加了解我。

第三，为人子女和独立个体。无论是在就业选择还是就业准备、实际就业的过程中，大学生作为子女，总是在与子女所对应的角色——父母进行互动，但同时，大学生也是独立的个体存在。如果在理解自我承担角色时，更多考虑的是作为父母的子女，大学生就会将子女角色标注为显著性角色，父母期望和家庭责任会是其就业选择、就业期望和实际就业行动的主要影响因素。

I：你为什么选择回老家工作呢？

BF17：本来打算在读书的省会城市工作，工作也找到了，后面因为父母的缘故，就回来了，父母想让我离他们近一点。

BM4：对于我来说，第一身份可能是家庭方面的。不会去外地，不会离家太远，最远就是省内。因为一直在一个地方生活，对这个地方就有了感情。

第四，先天弱者与后天强者。对于大学生来说，某些既定的角色让大学生在求职中处于弱势地位。这些处于弱势地位的认知，会影响大学生的就业选择。比如，稳定、能够有时间管家管孩子，是社会和家庭对女性角色的期待。女大学生在择业时，如果将社会角色摆在首位，那稳定性强、工作时间规律的职业相对更符合其期望，像教师、行政文员等职业往往成为她们优选的对象。这些角色期待在一定程度上削弱了大学生就业竞争力，也影响其获得高就业质量。研究中发现，性别、生源地、"双非"学校背景,或者是不高的学历,都有可能致使大学生不自觉地扮演弱者角色。是否处于弱势地位,是由大学生自我认知决定的,是因人而异的。相对来看,面对不利的条件,部分大学生能够做到积极调整心态和行动,通过后来的努力弥补弱者角色对就业和就业质量带来的不利影响。

> BM4:我参加了很多社会实践。比如在第一个社团的时候做了很多项目,需要去外面调研,经常开会。我还参加了一个羽毛球社团,其实我不怎么会打羽毛球。我一开始在活动部,策划组织工作干得比较多,后面去了外联部,主要跟外面的商家打交道。单位面试时,他们会主动问我这些情况,因为银行营销岗位招聘肯定看重的是你与人交际的能力。他们问我在某些特定情况下,会以什么样的方式去找那些商家协商?如果被商家拒绝了,会怎么办?此外,还问了我一些个人收获和性格方面的问题。
>
> I:可不可以理解为是学生干部身份帮你拿到了眼前的工作?
>
> BM4:是的,我觉得可能起到比较关键的作用,但也看面试岗位。对于工科类岗位,比如计算机行业的相关职位,就比较看重你的实际操作和设计的能力,而文科社科类岗位,可能更看重与人交往能力和语言沟通能力。如果你担任过学生干部,或者在社团里面担任过部长之类,他们就会觉得你比其他同学要更突出一点。
>
> I:你觉得你的这么多身份当中,哪个对你找工作最有利?
>
> BM2:对找工作最有利的,我觉得是班委的身份。面试的时候,我都会说我担任了4年的班长。然后他们会非常惊讶,说4年这么久,因为4年坚持下来确实很不容易。这样会给人一种印象:在班级的日常工作中,你能够较好地处理上下级关系,为团队赢得一些荣誉,从而给人一种能够积极、主动融入团队,积极完成团队目标的感觉。

(三)大学生就业角色体验

大学生在就业质量生成舞台上扮演的角色肯定不止一种,我们都有理由相信在一定的角色认知后,必然伴随着角色体验:积极体验和消极体验。体验积极抑或消极,取决于大学生个体就业中需求被满足与否及满足程度。需求来源于身份确认后的一系列自我概念。除此之外,伯克、斯戴兹等学者也提供了另一种思路用以解释大学生产生不同角色体验的原因,即在于联结个体与社会角色的自我意义(认同标准)。根据认同控制模型可知,在就业过程中,当某个特定情境下大学生众多角色的某个或某几个角色被启动时,大学生头脑中关于这些角色的认同标准也会相应输入成为可知觉的材料,同时,大学生会将这些自我意义与群体标准或处于同一情境下的他人自我意义进行比较,如果意义一致或趋同,大学生便会得到一种积极体验。外界的肯定会为其带来归属感、安全感和价值感。而当自我意义与群体标准或他人自我意义不一致,甚至存在较大差异或矛盾时,其则产生焦虑、紧张、压迫、自责等消极情绪。个体感觉自身重要角色身份受到威胁,认为别人不支持他的角色行为。相似的是,希金斯提出当理想状态与实际状态不一致时可能会引发负面情绪。

> 受访者小 A 是一名艺术设计专业的毕业生,作为家中独女,父母期望其能够找一份稳定的工作,最好是考上公务员。按照父母的计划和安排,她也考上了家乡的公务员。每天朝九晚五,在服务大厅里为来访办证的市民审核材料。领导和同事对其认真的工作态度也多次予以肯定,认为一个新入职的大学生能够脚踏实地地工作就很好了。但很多个夜晚,结束了一天又一天的重复工作回到家后,她总是觉得异常疲倦,打不起精神。她从心底里认为作为一名艺术设计专业的毕业生,就应该利用所长,设计一幅幅作品,来传递某种文化价值,为动漫产业的发展贡献自己的一份力。让她喘不过气来的,还有现在工作的一成不变,没有创作的激情与创新的灵感,生活像平静的湖水,没有一丝涟漪。要不要和父母聊聊心里话? 父母听了自己想辞职换工作的想法后会不会又是一顿数落,他们会不会对自己很失望? 是去做自己想做的,还是继续这样的日子? ……

大学是学生们建构自我角色的重要阶段,但他们对于未来的自我角色缺乏足够的客观认知。自我如果缺乏"本体性安全",就很难真正地建构自我认同。如果社会个体可以被任意复制、替换,那么人们将会处于缺乏安全感的状态之中,产生自我认同挫败感,会感觉到迷茫、焦虑等。

人们在正常的心理状态下,能够依据情境扮演不同的角色,分清真实与虚拟,然而人的自主性一旦丧失,要么部分丧失分辨真实与虚拟的能力,要么陷入某一虚拟身份难以自拔,甚至产生强烈的自恋式认同,导致暂时性的精神分裂。如果个体从外界获得的自我信息是消极、负面的,那么个体会在一定程度上感到自我受到了威胁。

在就业质量生成过程中,大学生在学校、职场、家庭等不同社会空间内面临不同角色的转换,更需要不断确认"我是谁","我该如何做"。他们在借助原始社会资本同时,更希望获得新生社会资本的接纳。就业场域的"镜中我"和"他我"的反馈,更有利于大学生角色认同的实现。积极情绪有助于大学生获得积极正向角色认同,能极大缓解大学生在就业场域中的困惑迷茫,帮助他们获得更高的就业质量。反之,则会消减其行为,不利于高就业质量的获得。

> BM18:我最满意的地方是这个岗位百分之百地契合我目前的状况。这个岗位需要与人打交道,特别是和客户沟通交流,这个领域对个人的专业素养有比较高的要求,它每天会推着我就不断地去学习。
>
> 我这两天刚好也看完一本书,两天看完一本书的进度很快。它会逼着我每天大量去学习,这种感觉特别好。我也经常跟一些老员工聊天,其实它是一份很看重业绩的工作。对,如果你业绩不错的话,相对来说你空闲的时间就会更多。当然也跟我自身条件有关,因为我是本地人,在其他方面也有一些优势,可能后续对我来说兼顾的可能性会更大一些。
>
> BF16:当时找工作主要看自己适不适合,或者说能学到东西。这份工作带给我蛮多体验和收获的,所以目前应该会把这份工作做好。

(四)大学生就业角色扮演

角色自我认同是个体自我建构的行动。个体通过角色扮演来设定自己的意识和行为,他们要时刻考虑不随个人意愿转移的角色脚本,并以此来完成各种社会关系约定。在就业质量生成的不同场域中,大学生的角色更为具体,角色惯习更为明确,角色分化更为显著,角色内涵更为充实。

第一,大学生就业角色扮演行动策略。大学生就业角色认同过程折射了其在就业场域中与社会交往对象互动的过程和结果,他们从社会关系的角度去界定自我角色,比如他们通过社会交往,感知不同群体的态度和行为,从而确定自己在群体中的位置,并采取相应的行为策略。从社会认同理论来看,大学生角色扮演的行动策略有两种:一种是认同—行为演绎路径,大学生将自我归为某一特定群体,从群体的角度来评价事物,与群体中的成员保持一致的知觉和行动。这些知觉与行动的产生并不需要个体去与群体内他者互动,而是由群体直接赋予的。另一种是认同—行为归纳路径。由于群体并没有形成共同的规范,所以作为群体一员,个体需要从群体成员的种种行为中推断和创造知觉与行为。虽然这种知觉和行为会受刻板印象的影响,但这种规范的形成是在某一突发的特异的情境中发生的,个体需要与群体内他者进行互动,不断协商以达成某种一致。一旦成为某种规范,则对群体成员都有了约束,如果不遵从,行为者则会感到压力。对于就业情境中的大学生来说,如果所属群体是历史群体或内外差异较大的群体,如男性、女性的性别身份群体,则大学生认同行为将会采取演绎方式进行;如果所属群体是一些新兴群体,或内外差异较小的群体,如从社会惯习上很难对本科生和专科生的就业能力有较大的差异认同,因为各自群体中都有优秀的和平庸的,这时个体则需要根据具体工作任务的难易和单位要求的高低进行判断,选择一种自认"适宜"的知觉和行为,大学生认同行为将会按归纳方式进行。

第二,大学生就业角色扮演方式。按行为对结果的正负向作用,可将大学生就业角色扮演方式分为积极角色认同行为和消极角色认同行为。积极角色认同行为包括角色定向、角色体认、角色适应。消极角色认同行为包括角色冲突、角色懈怠、角色对抗。[①] 在就业情境中,角色定向指大学生清楚自己的角色定位,对准备期、求职期和就业期的个人责任、他人期望、方向目标等都有明确认知,"我知道未来的职业方向""我知道好工作的标准以及如何找到好工作"等等。角色体认是对知觉到的角色都去积极体验,"向他人介绍自我时我很自豪""我很高兴作为职场新人进入公司继续学习"等。角色适应是在就业质量生成的各阶段,大学生明确自己的责任和要求,能够在"知、情、意"各方面与之相协调。角色矛盾是拥有多重角色的大学生因为角色的要求和期望不一致而产生的冲突感,如在择业目标上父母期望和自我期望的矛盾,在求职过程中理想自我和现实自我的矛盾等。角色对抗是大学生在角色活动中所做的对立行为,如"父母让我做的我偏不做""老师期望的我却反着来"等。角色懈怠是大学生在就业质量生成过程中,明知自己的责任和要求,却懒得去行动或投入得少,如"我投入在就业技能提升上的时间和精力很少"等。

第三,大学生就业角色扮演投入。从投入内容来看,默雷诺提出的角色扮演的三种类型(身心角色、心理角色、社会角色)为我们理解大学生就业角色扮演投入的维度提供了理论依据。身心角色,是在一定文化社会背景下与人们生理需求相联系的行为;心理角色,是个体符合社会具体期望的行为;社会角色,是个体遵

---

① 周永康:《大学生角色认同实证研究》,西南大学博士学位论文,2008 年,第 50 页。

从各种规制下社会期待的行为。相对前两种角色而言,社会角色体现的社会意识具有一定的刚性,从外在要求、约束大学生应该怎么做。因为角色确认的不同,大学生就业角色扮演投入的程度也不尽相同。萨宾和艾伦在《角色理论》一书中,将个体的角色参与度分为七种:零参与、漫不经心参与、传统仪式性参与、生物性参与、神经质型深度参与、意乱情迷式参与、精神和外物合一性参与。具体到就业情境中,大学生的投入程度可从其扮演行为方式的积极与否进行观测。根据文献资料和生活实践归纳,大学生就业相关的角色生活主要包括:学习、社会实践、政治追求、人际交往、情感体验、职业准备、公民行为等。在斯特赖克的认同理论看来,在大学生所扮演的多种角色中,个体对某角色承诺承担越多,说明该角色显著性越强,相应投入行为越多。

第四,大学生就业角色扮演表达。按表达是否直接传递扮演者意图,可将大学生就业角色扮演表达分为显性表达与隐性表达。对于大学生来说,在角色认知的基础上,主观有意传递给他人信息的表达是显性表达。通过这种表达,大学生塑造自我期待的社会形象,以换取实际效益。这样扮演出来的角色,对于个体而言,具有一定的工具性。比如一个大学生总是很早就到单位,虽然不一定总是全神贯注在工作,但他人会根据常理推断他很敬业。领导、同事们在评价他时就会有相应的主观印象:他是一个好员工。而人们在生活实践中,总是会有些惯习及无意识行为落入他人视线。这种无意识的行为传递出来的个人信息,就是隐性表达。相对显性表达的有意塑造,隐性表达往往更能揭示大学生内心对于某一角色的真实想法。

已有研究中关于角色认同的概念模型主要有角色认同与自尊、胜任力、心理幸福感模型,功能分析与角色认同概念模型,PRISM 模型,STWT 模型,角色认同与社会支持理论整合模型。从这些角色认同的概念模型中,我们不仅可以看出角色认同能够促进个体自尊、胜任力、幸福感的提升和人格的完善等,而且获知角色认同是个体对自己身处特定社会位置上行动的知觉。这种角色认同越强烈,角色动机就越强烈,角色行为也就越多。角色认同是驱动角色行为的直接原因。[①] 同时情境因素也应纳入角色认同的研究中,如 STWT 模型认为在学校里,学生的显著性角色认同是学生,而毕业后进入社会的大学生,其显著性角色认同就是其特定的职业。总而言之,角色认同会随情境变化而变化。这些模型为我们构建就业情境中的大学生就业质量角色认同模型提供了理论依据。

---

① 　周永康:《大学生角色认同实证研究》,西南大学博士学位论文,2008 年,第 18 页。

　　基于角色认同的大学生就业质量内在动力机制包括三部分：一部分是大学生对自我总体的看法；一部分是大学生对在就业情境中自我总体或单个角色认同；一部分是综合角色认同的结果，包括角色认知、情感和行为。根据以上分析，构建大学生就业质量角色认同模型主要包括以下几个因素：角色获得、角色确认、角色体验和角色扮演。角色认同对就业动机、就业行为产生直接影响，从而影响和调节大学生期望就业质量和感知就业质量，做出就业满意度评价。其中，大学生在就业情境中角色获得的社会位置有上位、下位、平行之分，分别对应支配型、顺从型与和谐型三种不同角色风格。大学生就业角色确认有演绎路径和归纳路径之分，这主要取决于其所属群体性质和群体规范。同时，因大学生在社会结构关系中所处位置的不同，其对群体规范的认同也会有所区别，也即角色获得会影响角色确认。角色体验有积极体验和消极体验之分，这主要取决于就业过程和就业结果中自我角色认同标准与社会期望标准是否一致，如果两者一致，大学生感受到的是积极体验，反之则为消极体验。角色扮演则着重考察大学生为获得期望就业质量，对所确认的角色的行动承诺及投入程度。通过访谈发现，如果大学生对自己就业角色有积极体验，则相应地会有积极行为发生，这表现为角色定向、角色体认、角色适应。如果大学生在整个就业过程中对所扮演的角色感受多为消极的，则会出现消极行为，这表现为角色懈怠、角色冲突和角色对抗（见图3-3）。

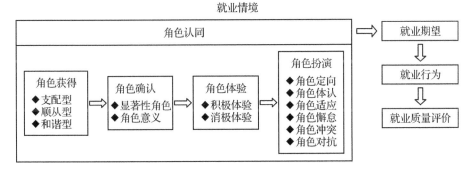

图3-3　基于角色认同的大学生就业质量内部动力机制模型

<table>
<tr><td>第三节</td><td>大学生就业质量外部调控机制</td></tr>
</table>

影响大学生就业质量的外部因素有很多,如就业政策、人才培养质量等。职业,是连接大学生个体与社会的桥梁,也是就业质量生成的必备条件。职业认同,即大学生对职业的看法、态度,是个体之外影响其就业质量的重要因素,对就业质量的定义和生成起到调控作用。考察大学生就业质量外部调控机制,需要对大学生职业认同予以探讨。

一、大学生职业认同探究

(一)职业认同和专业认同概念辨析

在国内外的一些研究中,经常将职业认同与专业认同混淆,其实二者有着不同的内涵。

关于职业认同的概念,有状态论和过程论两种不同的观点。持状态论的研究者认为,职业认同是个体对自我职业的兴趣、天赋和目标逐渐清晰而稳定的认识。[1] 大学生职业认同反映的是大学生对于所从事职业的看法评价、认可接受,以及形成的积极的态度体验和行动。持过程论的研究者认为,职业认同是个体将自我成长经历与职业世界相连接[2],而产生关于自我职业期望,自我就业能力认知和体验,激发就业能力,适应匹配职业和获得职业发展的一系列过程。不论是基于认同的状态、结果还是认同的过程,职业认同解决的是就业情境下"我是谁"或"我要成为谁"的问题。职业认同是一个比较复杂的意义结构,既可以按内容划

---

① 高艳,乔志宏,宋慧婷:《职业认同研究现状与展望》,《北京师范大学学报(社会科学版)》2011 年第 4 期,第 47—53 页。

② Meijers F. *The Development of a Career Identity*. *International Journal for the Advancement of Counseling*,1998,20(3),pp191-207.

分为个体的职业兴趣、职业目标、职业能力、职业价值、职业规范和职业态度[①];也可以按过程划分为职业价值、职业发展、职业前景、职业规划[②]。本书将综合这两种观点,着重讨论大学生职业认同中的职业定位、职业期望、职业适应和发展。

专业认同,也是一个有着不同理解的概念。按照英文"professional identity"翻译过来是"从业者对从事专门化事业的职业认同"。有学者认为,专业认同是学习者对所学专业的接受与认可,并愿意以积极的态度和主动的行为去学习与探索。[③] 也有学者认为专业认同是一种随着不断学习、深入了解学科知识所产生的情感投入。[④] 而另一种解读是学习者对所学专业的认同,对专业有着正面评价和接受认可,并且积极体验和主动学习探究,具有未来从事专业相关职业的意愿。[⑤]从中我们可以看出,专业认同包含两个方面含义:一是大学生对所学专业的认可和接受;二是认可和接受后产生的意愿和行为。学者对专业认同解读的差异主要在于认同后的意愿有所不同,是否主动学习探究,甚至未来从事与专业相关职业。判断大学生是否具有专业认同,具体可以从报考志愿、学习态度、实践投入、就业意愿、主观评价等几方面考察。如大学生所读专业的高考志愿是自主选择、依照父母或重要他人建议还是随意填报?是直接志愿投档成功还是专业调剂?所录志愿在所有填报的志愿单位中的顺序是靠前还是靠后?学习时,大学生若了解所学专业,并在此基础上产生接受和认可,那就会表现出外在行为的积极和内心的稳定踏实,如了解专业内涵和发展前景,明确专业培养目标和方案,认真上课和完成作业、实践;与本专业的师生在一起有认同感和归属感,讨论本专业有自豪感;在择业和就业时,从事本专业相关工作意愿强烈,胜任所从事的具体工作并感到自豪,希望自己能成为专业杰出人士。

职业认同与专业认同既有区别又有联系。二者主要区别在于认同对象不同。专业认同的对象是个体所学专业,而职业认同的对象是个体所从事的职业。二者的联系是专业认同和职业认同都属于自我认同的一部分,都具有自我认同的属性,具有认知、情感和意志行为不同结构。职业认同更聚焦于个体对所从事职业

① 张莹瑞,佐斌:《社会认同理论及其发展》,《心理科学进展》2006年第3期,第475—480页。

② 王敏:《专业认同与职业认同对社工硕士毕业生就业选择的影响——以B市S大学六届社会工作硕士毕业生为例》,首都经济贸易大学硕士学位论文,2018年。

③ 王顶明:《对专业认同有关概念的理论述评》,《学园》2008年第2期,第32—38页。

④ 刘晓甜:《社会工作专业硕士学生的专业认同状况及其影响因素研究:以S大学为例》,山东大学硕士学位论文,2013年。

⑤ 李明:《H大学研究生专业认同影响因素实证探究》,华东师范大学硕士学位论文,2011年。

的认知、体验和行为,而专业认同是在专业认可接受的基础上,所产生从事专业相关职业的意愿和行为。相对来说,专业认同的范围要大于职业认同。当然,专业认同中对所学专业的积极投入,类似于职业认同中个体所做的努力。

职业认同属于社会认同。社会认同是个体对自己归属于某类社会群体的成员资格的认识,以及此成员资格所延伸的情感和价值意义。具体到职业认同来看,社会认同中的社会群体即为个体所从属的职业群体,如一名大学生从事的职业是金融行业的理财顾问,那么他的职业认同就是他本人对于理财顾问这一群体的看法评价以及所产生的体验和行为。如果一名大学生从事的职业是基层公务员,那么他的职业认同即为他对基层公务员工作的认同。职业认同中既有自我概念,同时也包含了其所属社会群体成员的集体观念,如群体成员共同拥有的价值观、信仰、行动取向,其中也涉及了社会对某一群体的归类和划分。职业认同建构的过程是个体用职业群体的成员资格来建构自己的过程,从对职业群体的认知开始,到努力具有该群体成员的资格,再到为自己赋予群体属性,依据群体成员的身份、角色做出反应和行动。职业认同将个体与环境,个体与群体相联结,是个体与环境互动,对权威遵从的认同。

(二)职业认同与就业质量

职业认同构成了就业能力的动机成分,可以指导与激发求职者的积极性和适应性。有研究者通过质性研究发现人力资本、社会资本、心理资本和职业认同共同构成个体的就业能力,其中职业认同虽是隐性的,但对大学生成功就业具有关键作用。[①] 求职行为包括求职频率和努力程度两个维度。求职频率是指在一定的时间内求职行为的次数。努力程度则表明在个体时间精力的分配中,求职所占的比重和个人努力程度。个体对职业认同度越高,其求职频率、努力程度就越高,就业结果也就越好。提高职业认同对提高大学生就业能力效果明显。[②]

已有研究证实,职业认同会影响大学生的组织行为、投入,更重要的是职业认同水平和状态直接反映了大学生对工作的满意度,影响其期望和感知的就业质量。福格特、乔志宏等国内外学者通过理论和实证研究发现,在大学生所拥有的人力资本、社会资本等基本条件相近时,职业自我了解越清晰的个体将拥有更高

---

① 高艳,乔志宏:《大学生就业能力结构及其内部关系:质的研究》,《中国青年研究》2016 年第 11 期,第 93—97 页。

② 高艳,乔志宏,武晓伟:《基于职业认同和心理资本的大学生就业能力提升初评研究》,《高教探索》2017 年第 3 期,第 107—112 页。

的就业可能性。职业认同水平越高,大学生的就业机会越多,起薪越高,工作满意度越高,职业匹配度也越高。[①] 梅耶斯等人研究在中职学生中也有类似现象,即职业认同对学生的职业结果有显著影响。

专业认同与职业规划清晰度成正比,就业时专业对口度高[②],能够有效预测职业选择困难[③],但并不意味着专业认同与职业认同成正比。大学生所从事的职业和所学专业没有相关性,专业认同与就业质量间也没有相关性。林诚彦调查发现,社会工作专业学生不选择社会工作职业并不是因为他们对社会工作的价值观念和专业价值的不认同。[④] 在访谈中我们也发现,专业认同和专业投入实际上与求职大学生实际就业选择、就业质量评价并不相关,存在高专业认同低就业质量、低专业认同高就业质量的现象。考虑就业质量是在就业情境中定义、生成和评价的,职业认同状态、水平和结果直接影响就业质量评价内容、标准,决定了就业满意度,所以本书着眼于大学生对其有意愿从事或实际从事职业的认同,来分析讨论职业认同对大学生就业质量的影响机制。

二、基于职业认同的大学生就业质量外部调控机制

(一)职业锚的确定

职业锚最初由美国心理学家施恩提出[⑤],他认为在持续的职业生涯发展过程中,个体基于自我感知的自身特质(智力、能力、动机、需要、态度、价值观等)而逐渐形成清晰的关于职业的自我概念。职业锚理论的关键在于对职业自我的明晰进行相应规划与设计。

大学生的就业质量是一个不断探索和确认的过程,质量定义、质量生成和评价都需要职业锚的参与。只有对职业自我进行确认与反思,才能对期望的就业质

---

① 乔志宏,王爽,谢冰清等:《大学生就业能力的结构及其对就业结果的影响》,《心理发展与教育》2011 年第 3 期,第 274—281 页。

② 李荣,申洪桥,张瑞芹等:《护理本科生职业生涯规划与专业认同的关系》,《中国高等医学教育》2011 年第 7 期,第 25—26 页。

③ 毛兴永:《高师生的专业认同及其与职业决策困难的关系研究》,重庆师范大学硕士学位论文,2014 年。

④ 林诚彦:《专业认同影响从业意愿路径的实证分析:以社会工作专业为例》,《高校探索》2013 年第 3 期,第 133—138 页。

⑤ 施恩:《职业的有效管理》,生活·读书·新知三联书店 1995 年版,第 127—129 页。

量有个初步定位,以此为目标设计符合自身情况的行动方案并去实践,从而生成实际可感知的就业质量,根据感知就业质量对期望就业质量的满足程度进行满意度评价,从而形成自我认同下的实际就业质量。所以,职业锚对大学生就业质量具有重要影响。换句话说,大学生职业锚是外部职业世界作用于自我认同后的结果,一种水平和类型的职业锚就代表着一种职业自我。从时间维度来看,大学生在过去、现在、未来不同阶段的经历都有对应的规划与实践。随着个体知识、能力素养的不断变化,大学生关于自我、职业的认知、体验和行为也在发生相应变化,职业锚逐渐清晰但并非一成不变。因此,大学生在其漫长的职业生涯中,不同阶段的自我确认与反思都会产生不同阶段的职业锚。每个阶段的职业锚都包含了对上一阶段已经成为“现实自我”的反思定位,同时又包括了对“理想自我”的规划设想。

大学生职业锚由三种结构构成。一是现实自我的确认。如大学生清晰、准确地知道自己的兴趣、能力、特长,自己在社会关系中的位置等,知道“我是谁”。二是自我需要与动机的明确。如大学生在实践中感知自我的需求或他人反馈的评价与期望,知道“自己要什么”。三是自我价值观和态度的肯定。如大学生对自我的价值偏好或需求进行排序等,知道“自己喜欢什么”。职业锚的确定是一个复杂、长期的过程,是个体与环境交互的结果。在大学生职业生涯启蒙和早期阶段,大学生对于职业的认知和评价多来源于他人的经验,多是一种被动建立的职业锚,其对希望从事何种职业要么没有明确的目标,要么只有一个粗浅模糊的影子,对就业质量的期望、感知相对来说是空白状态。在职业生涯初期,大学生实际已经获得就业岗位,积累了一定的工作经验,在重新审视自我后主动确定了职业锚。其职业定位、规划相对来说逐渐清晰,基于职业锚的职业自我和就业质量的感知更为具体生动,体验也更为丰富,对未来规划和行动的指导也更为明晰。在职业生涯的中后期,随着实践的增多,个体与外部世界不断互动,大学生职业锚愈加明确并趋于固定。在这一阶段按照个人自身发展态势,大学生在职业锚的影响下对部分认知、行为进行调整,以适应新的环境和获得更好的发展。这一阶段的大学生职业锚具有更强的“个人色彩”,能轻易地将自己区别于他人或其他群体。

大学生的身份价值分为使用价值、交换价值、符号价值。根据大学生就业质量实际,大学生职业价值观可细分为 10 种。通过对 1150 位大学生进行调研发现,大学生职业锚的价值核心诉求存在差异,具体结果见表 3-4。从中可知,大学生认为一份好工作最重要的是薪资待遇能够满足自身的基本生活所需,这一数据占调查样本的 48.78%;认为工作能够带给大学生自信与体面,能够实现自身能力素质投资的等值回报,这两项数据分别占总体的 16.96％和 10.17％。相对来说,为了和同伴保持一致而从众选择一份职业的大学生较少,仅占调查样本的 0.35％。而在可以选择的情况下,将满足父母或社会的期待作为一份好工作评价的学生也是相对较少的。大学生在就业选择、就业质量价值评价中,遵循了马斯洛需求层次理论,将生存需求作为最先需要满足的需求大有人在,在就业过程和结果的评价中,更注重自我的价值实现。

表 3-4 大学生职业价值观调查统计

	人数	百分比
自信与体面	195	16.96％
基本生活所需	561	48.78％
证明自我优秀	24	2.09％
素质等值回报	117	10.17％
父母家人期望	15	1.30％
体现自我价值	171	14.87％
符合社会期待	11	0.96％
响应国家号召	19	1.65％
从众保持一致	4	0.35％
其他	33	2.87％
总计	1150	100％

(二)社会期望的加持

从发展心理学来看,个体早期自我意识更多来自社会反馈性评价。父母、教师、同伴是个体所处社会结构中的重要他人,他们对职业的认知和就业质量评价会对大学生的职业认同及就业质量产生一定影响。

一是父母"放养式"教养和强烈的父母期望。父母教养方式,也称家庭教养方式、父母养育方式、父母抚养方式、育儿风格等,是指父母在抚养子女的日常活动中所表现出来的固定的行为模式和行为倾向,集中地反映了父母带有一定教养目的的对待子女的态度和行为。已有大量研究证明,父母教养方式作为大学生重要成长情境因素,对大学生的人格特质、价值取向、自我认知、人际信任、社会技能、学习适应性等多个方面产生影响。帕克(Parker)等人将父母教养方式分为关爱、鼓励自主和控制三种不同类型①,经研究发现关爱、鼓励自主型教养方式会对大学生产生积极作用,如父母的温暖、关爱、鼓励会对子女产生心理支持,提高子女的适应性、抗挫性,养成阳光、自信等良好心理品质和增强迎接挑战的能力;而控制型教养方式会对大学生产生消极影响,如父母采用规范、规则等行为控制,或通过引发内疚感、爱的撤离、权力独断等心理控制,会剥夺或抑制子女的独立自主性和自尊自爱。然而,随着父母受教育程度的提高,越来越多的父母意识到其教养方式对子女成长的重要性,相较于用控制型教养方式来抚养子女,更多的父母倾向于以关爱、鼓励、尊重的方式支持子女自主发展。面对在升学、就业等人生重大选择时,父母更多的是扮演决策建议者的角色,会与子女充分沟通,特别是意见不一致时会尊重子女的个人意愿。父母教养方式对大学生职业选择、就业质量并无直接影响。不论是哪一类型的教养方式,都有可能带来高就业质量,也有可能带来低就业质量。在这种情形下,大学生需要自行承担决策的后果。

> YM10:我是放养的。(什么事情都让你自己做主吗?)就是不会管得很严,不管读书还是工作,主要是看我的个人意愿。
>
> BM4:像我爸妈从小就不怎么管我的学习,每逢重大选择他们都会让我自己决定。初中时,我有保送高中的机会,于是他们就让我自己选保送的学校,然后大学选专业也是让我自己决定,包括毕业找工作也是。父母说他们会给我提供帮助,但是不会左右我的想法。

相对于父母教养方式的无相关性,父母的职业观、价值观则会显著影响大学生的职业认同,父母期望是大学生就业质量的重要影响因素。虽然父母对子女是"放养式"教养,但中国传统文化当中的孝文化和深厚的家文化,让父母的期望成为影响子女职业认同和就业质量的"无形力量",有时甚至是决定性力量。

> YM10:我现在做小老板,爸妈他们在亲戚朋友间也比较有面子。有一次听见我妈说"我一个儿子,抵得上人家两三个儿子",我听着挺开心的。
>
> BM6:还有一方面可能是父母期望。因为我父母是做生意的,这几年由于疫情的缘故,家里生意可能比往年要差一点,他们就觉得做生意

---

① Parker G, Tupling H, Brown I B. *A Parental Bonding Instrument*. *British Journal of Medical Psychology*,1979(1):1-10.

很辛苦,赚的其实也不是很多,就想让我找一个轻松又稳定的工作。我妈这两年身体也不好,我就想在老家找份工作。……我这个专业的就业方向一般就是水厂和水务部门。这些单位可能某种意义上来说也算国企,但是只招劳务派遣员工,没有正式编制。我觉得如果是劳务派遣,还不如考一个编制算了,所幸也考上了。……遇事妈妈会跟我商量,我爸爸性格比较强势,他基本上说一不二,……对于现在这份工作,如果按满意度1到10分打分的话,我打8.5分。

I:刚才你反复提到想要一份稳定一点的工作,是什么让你产生这样的念头呢?

BF11:可能是我父母,他们觉得自己没有一份稳定的工作,所以才特别辛苦。

I:留在你脑海当中辛苦的场景是什么样子的?

BF11:辛苦的场景,比如说我妈每天4:30起来给我爸烧早饭。我有一天因为去练车,5点多起来发现她已经在烧早饭了。当时我就特别震惊,感觉他们起早摸黑,挺辛苦的。我爸也是5点多就要起来,就是那种冬天天还没亮就出门的。就是感觉他们太辛苦了,所以自己考上公务员后心里会踏实一点。相对的来说待遇方面可能还好,但是能给我爸妈带来一份安心。

虽然父母的教养方式对大学生职业认同及就业质量没有直接影响,但大学生是否有主见则会影响其就业选择,从而影响就业质量。越有主见的大学生,越清楚自己是谁、自己想要什么以及如何去实现目标。这类学生的就业质量相对较高,对所从事的工作也较为满意。大学生如果缺乏主见,不仅会令个人陷入迷茫,还会阻碍其顺利就业,更不用提就业质量了。而良好的父母教养方式会会更有利于培养大学生的主见,使其更有信心去追求未来的职业发展。

BF3:对于主见这一块,我给自己打2.5分(满分为5分)。我原本就对职业选择没有太多苛刻的要求。很多同学追求国企的稳定、私企的灵活或是外企的国际化。但对我来说,只要工作环境和待遇差不多,工作内容符合我的兴趣和能力、有一定的稳定性,就足够了。

I:有没有优先考虑的行业或者岗位?

BF3:没有。如果有,我也不会这么发愁了。

I：是一直就不知道自己喜欢什么样的工作？还是觉得自己什么工作都可以胜任？

BF3：好像什么工作都可以，但具体能干多久我不晓得。我大学选专业的时候也是很随意的。没学之前，根本不知道这个专业是什么样的，也未主动了解过。我爸妈希望我能够有一份稳定且收入可观的工作，他们让我，要么去考研，要么就去当教师。

BF17：若让我就主见这一点给自己打分的话，我打2分。其实，从小到大都是父母为我铺设成长道路，并且我自身也比较倾向于遵从他们的建议。在步入社会后，这种习惯让我在面对选择时深感难以独立做出决定。在就业这件事上，一开始我和我妈也是有分歧的。我妈想让我先去政府单位做临时工，然后考编，但我想找一份设计类工作。现在这份工作其实我挺满意的，既能学到东西，也和专业相关。从满意度上说，可以打8分（满分为10分）。

I：不满意的地方有哪些？扣分的原因是什么？

BF17：对未来不确定吧。其实我也想先干好目前这份工作，但是父母说得也对，有时候稳定也有其合理之处，尤其是在追求生活安宁和经济保障方面。我理解并认同这种观念，考虑到个人性格因素，并非每个人都适合或渴望那种充满挑战和变动的生活方式。我个人对于安逸和稳定的生活状态并不反感。这可能与我的性格、喜好有关。像我室友，她很喜欢画画并坚定地选择了走设计这条路。我虽然也会画画，但因为缺乏像她那样的热情和动力，所以并没有投入额外的时间去精进。可能我内心尚未明确真正渴望的是什么。这种不明确感，让我难以全力以赴地追求某个目标。

二是教师和同伴的无参与感。教师在大学生的成长过程中，不仅肩负授业解惑的重任，更担负着传道的职责。教师的教育职责和自身的示范作用，会对大学生的职业认同和就业选择产生一定影响，进而影响大学生就业质量。然而在现实生活中，职业生涯规划教育和就业指导教师的教学更多停留在理论层面，以及对学生的职业规划和求职技能的培训上，会从相对宏观的角度为学生介绍国家、地区和学校整体就业形势，分析一个或某几个行业的就业情形，做一些就业政策的宣讲或就业价值观的引导。而专业课教师则更专注于所担任课程的教学，没有对学生个性化的职业发展进行指导。相对来说，大学生的就业导师或辅导员，对其就业影响会更大一些。但从访谈调研的结果来看,具有重要影响的就业导师,并未在引导大学生建立合理的就业期望上有所作为。对什么职业有着怎样的看法,进而选择什么样的职业,更多的还是大学生自己的事。所以在这里有一个很奇怪的矛盾点,有着重要影响的老师,却对大学生的就业质量发挥着微不足道的作用。同伴,是大学生成长过程中的重要他人。他们对大学生既有群体化影响,也有个体化影响。从群体角度来看,大学生的认知水平和同龄人是相仿的,其价值观、行为模式往往参照群体标准和规范,具有一定的时代特性或从众特点。从个体角度来看,大学生所处的年龄阶段,恰恰是其自我意识发展的第二次高峰时段,此阶段大学生的个人意识存在占据主导地位,在职业认同、职业选择和就业质量方面,更多的是遵从自己内心。所以,大学生之间更多的是就业信息和就业求职技能的分享,或者在同伴就业遇到困难时,作为一种心理支持力量去陪伴。

> YF5:像上一届师兄师姐刚毕业的时候,我们会想一下自己以后要干什么,老师也会提醒我们说上一届都已经毕业了,你们有没有想好今后做什么。……我们老师其实就希望我们能够开心健康,他有时候会带我们爬山什么的,彼此之间相处得挺好。老师也说他不会给我们太大压力,但还是希望我们对就业多上点心。之前我师兄毕业的时候,他也会跟我们讲,现在就业环境不好,压力挺大的。他会跟我们说外面竞争到底有多么激烈,希望我们能够找一个稍微好一点的工作,比如在大学找一份工作。
>
> BF11:同学好像没有什么建议。老师本想让我保研,但是知道我非常坚定地想考公务员后,就让我放手去搏一搏。
>
> BM2:同学和老师是否有对我提就业期望?这倒没有。

三是他人职业认知的影响。对一份职业的理解和认可,一部分源于他人职业认知的迁移影响。他人对职业的看法,不仅会让个体对职业有先入为主的观念,还会成为个体考虑社会评价时不能忽视的因素。"我从事那份工作,别人会怎样看待我。""我的思想、能力、行为等是否符合那份职业的群体形象""我应该按照和我一样干这份工作的人那样行事"等等。关于职业,自我认同与社会认同一致时,个体会感受到积极情绪;反之,则感受到消极情绪,两种不同情绪会产生不同的动力和成效。在众多重要他人中,父母的职业认知对大学生的影响最为重要。

（三）职业适应与发展

对就业质量的实际感知，取决于个体对就业的参与性实践体验。

职业适应，包括职业能力匹配、文化价值契合等多个方面的适应。职业能力是个体为满足雇主和客户不断变化的要求，从而实现自己在劳动市场的抱负和潜能而应具备的品质和能力。关于就业能力的指标，不同学派的学者有不同的解释，比如美国培训和开发协会将就业能力细化为基本能力、沟通能力、适应能力、问题解决能力、自我发展技能、影响能力等六个方面的 16 种能力。[①] 在中国北森的职业教育体系中，将职业能力分为基础技能、专业技能和可迁移的技能。从自我认同的视角来看，莱恩·福尔摩斯和杰弗里·威廉将职业能力分为"毕业生具备的具体能力"与"毕业生的表现和行为"，后者是被用人单位或雇主所能观察到的和能测量的技能。他们认为，在毕业生获取就业机会和得到工作回报的过程中，不能简单地将他们的技能与工作要求进行匹配，不能把教育情境意义上的"技能"等同于工作技能，反倒是在具体的就业情境中，毕业生的实际表现和行动才意味着有意义的职业能力。基于此，他们提出了"实践—认同"表现模型。[②] 在该模型中，从自陈（大学生自我认同的能力）和肯定（雇佣方认同的能力）两个维度，将大学生的职业能力匹配状况划分为五种不同类型：一是认同未定区（大学生也不确认自己具有能力，雇佣方也不认同毕业生能力）；二是认同确认区（毕业生自称有符合工作要求的能力，雇佣方也认可其拥有胜任岗位的资质和能力）；三是失败认同区（大学生认为自己具备工作所需的能力，而雇佣方不认可他们具有相应的能力）；四是强制认同区（毕业生本身没有自我认同，但雇佣方认为其拥有从事工作相关的能力）；五是认同待定区（毕业生和雇佣方的肯定或否定认同都是暂时做出的，还需进行验证）。

自我认可或用人单位认可的大学生就业能力可以从价值观、智能、表现和参与四个方面来考察。价值观包括个人所具有的品德、社会价值观、组织价值观等。价值观是用人单位判断大学生是否适应岗位的基本条件。如果大学生仅仅具有某些工作所需要的技能，并不具有用人单位所看重的道德品质，那即使他能力再强，用人单位也会认为他不合适。只有当个人的价值观与单位的价

---

① Carnevale A P，Gainer L J，Meltzer. *Workplace Basics：The Essential Skills Employers Want*. San Francisco：Jossey-Bass，1990.

② Holmes L. *Reconsidering Graduate Employ Ability；the "Graduate Identity" Approach. Quality in Higher Education*，2001，7（2）：115.

值观相契合时,才能凝聚力量,推动组织朝着同一个方向发展,组织的愿景和使命才得以实现。智能,对应的是传统技能中心的职业能力,如分析问题解决问题的能力、环境适应能力和迎接挑战的能力、创新能力、执行能力、反思能力等等。表现,实则是大学生所掌握的各种技能在工作中的应用。如沟通表达能力、团队协作能力、学习能力、外语能力、计算机能力、专业技能等等。一些可迁移的能力,在大学生笔试、面试过程中即可被用人单位所观察到;而一些专业能力、高层次能力,则需要在一定的工作场景和实际项目中才能被大学生或用人单位检视到。参与,往往指的是大学生迎接挑战或融入组织、项目、团队并为之服务的意愿,是愿意根据工作经验发展自我、调整职业生涯的想法。用人单位看重的"参与"包括大学生的主动参与程度和参与深度。

根据认同类型,可以推导出毕业生的就业质量。

已有研究证实,职业认同会影响员工的组织行为、投入,更重要的是职业认同水平和状态直接反映了大学生对工作的满意度,影响着就业质量的感知。结合已有研究成果和以上分析,本书基于职业认同的视角,构建了针对大学生就业质量的外部控制机制(见图3-4)。

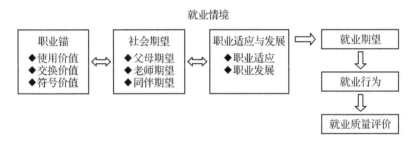

图 3-4　基于职业认同的大学生就业质量外部调控机制模型

该模型解释了为何大学生职业认同可以直接影响就业质量。职业锚、社会期望、职业适应与发展作为影响机制中的三要素,以外部社会认同调控着大学生的就业意愿、就业行为,进而影响就业质量的定义、生成和评价。

在职业锚当中,起决定作用的是职业价值。职业价值是指大学生从职业中实现自我价值并获得社会认可,包括大学生自我价值感的获得情况、自我就业期望的实现情况、所从事职业的社会认可情况。他人影响中,父母的职业认知和对子女的期望是大学生职业认同的重要影响因素,而老师、同伴则在大学生职业认同中表现出了较低的参与感或无参与感。大学生的职业适应与发展,核心在于大学生"表现"出来的职业能力与岗位要求的匹配度,这直接影响到大学生对未来职业的规划和对职业发展前景的信心。需要注意的是,职业认同不仅是个体对职业的认同程度与状态的一种体现,也是持续构建和确认的过程。大学生在求职就业过程中的经历、情感体验也会影响其职业认同。

综上所述,基于自我确认理论、自我认同理论、自我决定理论、自我认同动机理论等,笔者从大学生自我认同结构入手,整合身份认同、角色认同、职业认同的作用,提出大学生就业质量自我认同机制(见图3-5)。该机制详细解释了自我认同是如何作用于大学生就业质量定义及生成。大学生就业质量自我认同机制包含三个子机制,即就业质量自我定位机制、就业质量内在动力机制、就业质量外部调控机制。身份认同、角色认同、职业认同是三个子机制的核心要素及运作的逻辑基础,三者之间相互影响,又共同作用于就业质量。

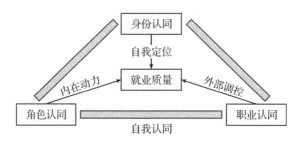

图 3-5 大学生就业质量自我认同机制

本章在前述章节分析的基础上,探索性提出大学生就业质量自我认同机制:就业质量自我定位机制、就业质量内在动力机制、就业质量外部调控机制。大学生就业质量自我认同机制共时性分析了大学生以自我为核心,调动内在力量,同时融入外部环境的立体式就业质量生成系统。在就业质量自我定位机制中,大学生通过身份启动、身份辨识、身份价值来回答"我是谁"的问题,并以此产生个性化的就业期望、就业行为和就业质量。在就业质量内在动力机制中,大学生通过角色获得、角色确认、角色体验和角色扮演来回答就业情境中"我该怎么办"的问题,在内在动力推动下大学生产生个性化的就业期望、就业行为和就业质量。就业质量外部调控机制则通过职业锚、社会期望、职业适应与发展等来调控大学生的就业期望、就业行为,从而产生个性化就业质量。

大学生就业质量自我认同分析

第四章

自我认同对个体的认知、情感体验、意志行为以及行动绩效等都有显著影响。大学生就业质量是大学生在自我确认的基础上,综合了就业过程中的角色认知、情感体验与行动承诺而形成的就业质量。本书基于自我认同结构和就业质量自我认同机制,通过实证分析以了解大学生就业质量和自我认同的相关性,考察大学生自我认同对其就业质量的预测结果。

第一节 研究目的与研究假设

已有研究中,学者们基于自我认同理论、自我决定理论建构了自我认同、职业认同等不同量表,并进行检验和应用。这些量表对深入研究自我认同做出了重要贡献,但对于解决本书的问题,还存在一定不足。玛西亚的自我认同量表只反映自我认同的状态,并未揭示不同自我认同状态下个体关于就业质量的认同内容、认同水平,没有阐明不同自我认同状态给个体就业质量带来的具体影响。而职业认同量表也只从单个侧面反映了个体对特定职业的认同状况,没有将其纳入自我认同结构中做系统性考察,割裂了就业质量生成场域中自我认同结构各部分的相互关联,更没有将其聚焦到就业质量生成领域中做具体分析。虽然各量表都各有不足,但如能相互补充,整合各量表可以起到更为系统、全面的效果。

一、研究目的

评价或提升就业质量,首先要明确就业质量自我认同中关于自我的定义,即作为就业者的个体"我"对就业质量的需求(期望就业质量)是什么。而"我"的就业需求的确定则取决于明确"我是谁""自我评价与接纳"以及"自我行动"。自我认同回答的是"我是谁"的问题,即通过揭示每个人同时拥有的多种身份标签来确定"我是谁"以及符合该标签的行为模式,即角色扮演。肯杰尔斯基(Kendzierski)认为标签的决定因素取决于标签的构成部分。因此,自我认同"我是谁"的确定,是围绕大学生对求职中自我身份各成分的认知(何种身份,是显著性身份还是非显著性身份等)来确定的。通过询问大学生在求职时想到自身具有何种身份,包括最先想到的、最自豪的、最不愿提及的、最想改变的、最希望别人认同的、最有利于获得高质量就业的、对就业质量影响最大的身份是什么等等,来收集大学生的自我定义,构成大学生就业质量自我认同模型中自我定义模型。此外,自我认同还包括自我体验。大学生通过自我认知来了解自我,认知的水平和结果会影响个体对自我的体验。体验有积极体验和消极体验之分,反映了个体的自我接纳程度。自我体验的好与坏,主要依据自我评价。自我评价标准包括自我标准和社会标准,其中自我标准涉及个体形象、能力、特长等,社会标准包括社会(他人)认可、道德、法律等。将认知到的自我与这些标准对照,产生的差距会让个体体验到自尊、自爱、自卑、自负等不同情绪,而不同情绪又会致使大学生产生不同的认知和行为。自我认同是大学生在感觉、体验层面对就业质量具有直接预测作用的变量。自我认同更多体现了个人视角的自我定义,强调以自己内在的想法和感受来定义自我。同时我们也要看到,个体都是存在于社会之中,自我观念的形成是个体与社会环境互动的结果,个体所处某一群体的群体文化对其影响更大。个体是在社会和群体规制下行动的。因此,大学生就业质量自我认同模型还必须考虑社会标准。我们需要将融合社会规制的"角色"这一概念整合到模型之中,从自我意志这一维度来揭示大学生就业角色是如何扮演的。角色除体现了个体自我归类的含义外,还附加了个体作为群体成员按照群体行为准则行事的意思。这一融合了个体标准和社会标准的角色意蕴,与社会认同理论中特纳提出的归纳路径是一致的,即个体以类别特征为依据来推断自己的类别归属过程。自我认同不仅是个体静态的自我认同结果,还是个体自我建构的动态过程,在自我建构的过程中生成就业质量。确定何种行动目标以及如何行动,是自我意志要解决的问题。如为了获得满意的就业质量,大学生有意识、有计划地调控自己的行动以实现目标。所以,我们在自我认同模型中设置自我意志这一维度,以了解大学生个体为获得高就业质量是如何行动的。综上,大学生就业质量自我认同模型统合了自我认知、自我体验和自我意志三个维度的内容,即大学生在自我认知的基础上,有怎样的体验,是否悦纳自己,有何行为反应。这与克雷伯等人提出的认同本身就是一种统合感的观点是一致的。在就业质量生成场域,职业是就业质量直接评价的对象,职业认同则是大学生就业质量生成的基础。大学生对职业认同的认识水平和认识结果会直接影响其就业质量。所以,在考察大学生自我认同视角下的就业质量时,必须将职业认同纳入其中。

二、研究假设

依照自我认同动机理论,自我认知、自我体验、自我意志和职业认同通过认同动机与需要满足动机对就业质量产生直接影响,并呈现不同水平的承诺和探索,从而产生不同的实际就业质量。本书提出了大学生就业质量自我认同模型假设,即身份认同、角色认同、职业认同分别在就业质量自我定位机制、就业质量内部动力机制、就业质量外部调控机制方面影响就业质量的假设,具体可以分为以下5个假设。

假设1:自我认同正向影响就业质量。

假设2:职业认同正向影响就业质量。

假设3:自我认同和职业认同正向相关。

假设4:自我认同和职业认同可以有效预测就业质量。

假设5:角色行为变量对就业质量、自我认同具有显著解释力。

当个体能更清晰、准确、全面地认识就业场域中的自我,并能积极接纳自我时,他就会更明确自己的就业角色,相应地会展现出角色适应等积极就业行为,反之则会展现出角色懈怠、角色对抗等消极就业行为。同理,个体的自我认同水平越高,就越清楚选择怎样的职业,越认可职业的价值和意义,愿意从事并能够为职业付出较多努力和行动。在大学生学业领域中的自我决定理论应用研究发现,就业情境中的自我明确可以促进个体认同动机。自我认同可以改变个体的认知、情绪和意志,提高个体的承诺水平。基于此,本书提出自我认同和职业认同对大学生就业质量的正向影响,并假设自我认同、职业认同可以有效预测就业质量。

第二节 研究过程

在明确了研究目的和研究假设后,需要选择恰当的研究工具,通过科学的研究方法对抽样样本进行具体实证分析,检验研究假设。

一、问卷设计

本书第三章具体分析了大学生就业质量生成机制,第四章第一节对大学生就业质量自我认同模型提出了理论假设,为进一步明确生成机制的实际运作和检验理论假设,本节将所用问卷分为三个部分:第一部分为被调查者的人口统计学信息;第二部分为被调查者的就业信息,包括期望就业质量和感知就业质量两个方面;第三部分主要考察被调查者的就业质量自我认同生成机制,着重从身份认同、职业认同、角色认同等三个方面展开信息收集。

二、研究工具

(一)大学生自我认同的测量

本书综合自我认同静态和动态两方面,借鉴已有研究成果,结合大学生就业情况进行了必要修改,确定最后的大学生自我认同量表,由3个维度共24个条目构成。3个维度主要从自我认知、自我体验和自我意志三方面进行设计,每个维度都有8个条目(见表4-1)。自我认同量表中,所有条目均采用李克特5点计分法进行评价,1—5分别代表"完全不符合"至"完全符合"。自我认同量表主要用于测量大学毕业生的自我认同程度,得分越高表明大学生自我认同程度越高,反之则自我认同程度越低。

表 4-1　大学生自我认同量表

维度	项目	内容
自我认知	自我 1	我清楚我是谁。
	自我 2	我对自己被期望做什么很清楚。
	自我 3	我知道自己的责任是什么。
	自我 4	我对自己应该承担多少责任很清楚。
	自我 5	我知道自己想要一份怎样的工作。
	自我 6	我知道为了理想的工作该如何学习、实践、生活。
	自我 7	求职就业中，我能按照要求积极完成各项任务。
	自我 8	求职就业中，我总是很努力维持自己的形象。
自我体验	自我 9	现有身份非常有利于我找到心仪工作。
	自我 10	我很喜欢现在的身份。
	自我 11	求职就业中，我愿意主动向陌生人介绍自己。
	自我 12	求职就业中，当我告诉别人我是谁时，我很骄傲。
	自我 13	在他人面前展示的自我形象和我所期望的一样。
	自我 14	求职就业中，我对所承担的角色感到快乐。
	自我 15	找工作时，我觉得我很有优势。
	自我 16	求职就业中虽然有困难，但我还是感到很快乐。
自我意志	自我 17	我愿意从事与专业相关的工作。
	自我 18	我愿意在现在领域中完成自己的职业规划。
	自我 19	我经常阅读有助于工作的书籍资料。
	自我 20	我会积极关注工作相关信息。
	自我 21	我会认真及时完成课程作业。
	自我 22	我积极参与社会实践活动。
	自我 23	我把很多时间精力放在求职准备上。
	自我 24	我能够清晰地向别人描述想要的工作。

（二）大学生职业认同的测量

职业认同量表主要用来调查大学毕业生对其所从事职业的认同水平和程度。

参考以往研究成果,构建了职业认知、职业体验和职业意志 3 个维度共 12 个条目的内容(见表 4-2)。职业认同量表中,所有条目均采用李克特 5 点计分法进行评价,1—5 分别代表"完全不符合"至"完全符合"。职业认同总分越高,表明大学生的职业认同度越高,反之则认同度越低。

表 4-2　大学生职业认同量表维度和项目、内容

维度	项目	内容
职业认知	职业 1	我能够胜任目前的岗位。
	职业 2	我清楚自己职业的内容和性质。
	职业 3	我清楚自己职业对任职者的要求。
职业体验	职业 4	我对自己的职业前景很有信心。
	职业 5	我愿意在目前工作的职业领域继续发展或将其视为自己职业生涯的一个阶段。
	职业 6	我认为从事目前工作相关职业可以实现自身期望。
	职业 7	从事目前工作相关职业让我有自豪感。
	职业 8	从事目前工作相关职业让我很快乐。
	职业 9	我认为所从事职业未来前景非常好。
职业意志	职业 10	为更好地发展目前职业,我为此付出了很多。
	职业 11	为更好地发展目前职业,我积极参加培训学习。
	职业 12	为更好地发展目前职业,我积极承担任务与应对挑战。

(三)大学生角色行为的测量

大学生角色行为量表主要用于测量大学生对获得角色进行角色确认后的应对方式。根据已有研究成果,从角色适应、角色对抗和角色懈怠 3 个维度编制 23 个题项。其中角色适应包括角色 1—角色 8 共 8 个题项,角色对抗包括角色 9—角色 15 共 7 个题项,角色懈怠包括角色 16—角色 23 共 8 个题项(见表 4-3)。量表所有题项均采用李克特 5 点计分法进行评价,1—5 分别代表"完全不符合"至"完全符合"。相关维度得分越高的,则将调查对象归类于该角色行为类别。

表 4-3 大学生角色行为量表

维度	项目	内容
角色适应	角色 1	我知道自己的责任是什么。
	角色 2	我的未来目标清晰而有计划。
	角色 3	我对自己应该承担多少责任很清楚。
	角色 4	我知道为了理想的工作该如何学习、实践、生活。
	角色 5	求职就业中,我对所承担的角色感到快乐。
	角色 6	找工作时,我觉得我很有优势。
	角色 7	我能自觉主动投入求职就业的不同阶段中。
	角色 8	求职就业中,我能按照要求积极完成各项任务。
角色对抗	角色 9	求职就业中,我经常被要求做一些与自己的判断相悖的事情。
	角色 10	求职就业中,我经常会为了一些事情而不得不放弃另外一些事情。
	角色 11	我觉得自己没有足够的能力(资源)去找一份心仪的工作。
	角色 12	求职就业中,我经常不得不在一些不重要的事情上浪费时间。
	角色 13	求职就业中,我有太多的事情要去操心顾及。
	角色 14	求职就业中,我经常会面对一些相互矛盾的要求并为此烦恼。
	角色 15	求职就业中,我经常被要求做一些我不想做的事情。
角色懈怠	角色 16	我把大量的时间都花在了和找工作无关的事上。
	角色 17	求职就业中,我感到打不起精神的时候很多。
	角色 18	求职就业中,凡是父母、老师、单位期望或要求我做什么,我总是反着做。
	角色 19	对于考证、比赛、实践这些有利于工作的事,我一个也不参加。
	角色 20	只要跟我提工作的事,我就感到烦或者无趣。
	角色 21	我不在乎以后找不找得到工作或找到什么样的工作。
	角色 22	求职就业中,我根本不在乎自己的行为是否符合身份要求。
	角色 23	我几乎不参加公共集体活动。

(四)就业质量的测量

根据前面关于就业质量内涵的界定,大学生的就业质量评定是基于大学生主观满意的就业质量评价。在《ISO 9000：2000 质量管理体系——基础和术语》中的质量管理原则就是"以顾客为关注焦点"，把顾客满意作为检验质量的标准，充分体现了以顾客为中心的思想。"顾客满意"是一个相对概念，是指个体通过对产品或服务的可感知效果与他的期望值相比较后，所形成的愉悦或失望的感受。这种比较可以用差异函数来表示，如果把顾客满意度设为 S，顾客期望设为 E，顾客感知效果设为 P，则 $S=f(E,P)$。若 $E=P$，顾客满意；若 $E<P$，顾客非常满意；若 $E>P$，顾客不满意。人们通过顾客满意度指数(Customer Satisfaction Index，CSI)来衡量顾客的满意程度。费耐尔博士的逻辑模型是目前世界上广泛采用的顾客满意度指数理论模型。将就业满意度作为衡量大学生就业质量的评价指标，可以使不同地区、行业、企业、岗位的就业状况在质量上具有可比性。美国自1994 年开始每年进行的全国性大学生满意度调查(National Student Satisfaction Study)[①]，就是将顾客满意度理论应用到教育领域的成功尝试。

在大学生就业质量评价指标的选择上，根据已有文献研究成果和对部分毕业生的调查及相关专家的论证，发现大学生对就业质量的满意度主要表现在对工作客观特征的满意度。因此，一方面我们要选取反映大学生就业客观状态的指标，另一方面我们要选取大学生对就业的主观评价指标。参考国际劳工组织对体面劳动的定义和我国特有国情，本书选取工作报酬、工作环境、职业发展等不同方面的 7 个指标(见表 4-4)，通过比较期望就业质量和感知就业质量来评价毕业生就业满意度，即就业质量。

工作报酬。工作报酬体现了大学生的就业能力以及对社会、用人单位贡献度的劳动价值。同时，工作报酬的可获得性和等价性也在一定程度上反映了大学生劳动权益的实现度和公平性。工作报酬是衡量高校毕业生就业质量的核心指标。结合实际，工作报酬以大学生毕业后工作第一年每月平均收入来计算，月收入包括工资、奖金、提成、住房补贴等各类补贴。依据现行社会收入水平，分为 4000 元及以下、4001—5000 元、5001—6000 元、6001—7000 元、7000 元以上这五档。

工作环境。这一维度的指标主要考核大学生的安全需求和归属感需求的满足程度，包括社会保障、工作地点、单位性质、单位规模这 4 个指标。社会保障水平会影响大学生对工作福利待遇的满意度和社会安全感，通常以大学生工作后所享受的社会保障多少来计算。社会保障形式主要是"四险一金"，"四险"指养老、医疗(含生育)、失业、工伤保险，"一金"指住房公积金。工作地点主要是看大学生

---

① 韩玉志：《美国大学生满意度调查方法评介》，《比较教育研究》2006 年第 6 期，第 60—64 页。

工作的所在地是省会城市或发达的地级市、普通地级市、县市级、乡镇或是农村等。工作地点反映的是大学生对工作所在地发展、收入生活水平等是否满意。单位性质、单位规模主要反映大学生任职单位的性质、大小,所代表的是对单位文化、工作保障、工作相对稳定性、职业的社会声望等方面是否满意。单位性质具体可分为政府机关事业单位(含科研事业单位、非营利性社会组织)、国企央企、民营(私营)企业、外资(合资)企业或其他等不同类型。单位规模可分为 30 人以下、30—100 人、101—300 人、301—500 人、500 人以上等。

职业发展。这一指标主要考察大学生在尊重和自我实现需求方面的满足程度,主要用专业相关度、工作稳定度来衡量。专业相关度反映的是大学生的专业水平,具体表现为大学生具备的专业基础知识、技能等与岗位的适配情况。只有具备相应的专业水平才能保障工作的顺利开展,而工作开展得顺利与否将直接关系个人工作的情绪和自我价值的实现。工作稳定度是指大学生就业后能否稳定、持续地在组织安排的工作岗位上劳动。工作稳定度反映了大学生对工作的安全感和归属感是否满意,直接影响大学生工作生活质量和职业发展。

表 4-4　大学生就业质量评价指标与衡量方式

一级指标	二级指标	代码	衡量方式	评分级别
工作报酬	工资薪酬	WR	毕业后工作第一年月平均工作报酬分档	1—5 分级计分
工作环境	社会保障	SI	享有的社会保障分档	1—5 分级计分
	工作地点	WP	工作地点划分为不同类型	1—5 分级计分
	单位性质	UN	单位性质分档	1—5 分级计分
	单位规模	US	单位人数规模分档	1—5 分级计分
职业发展	专业相关度	MR	毕业生个人主观评价	1—5 分级计分
	工作稳定度	WS	毕业生个人主观评价	1—5 分级计分

影响大学生就业质量的因素众多,不同因素的实际价值和效用需要转化为一个综合值来反映就业质量总体。大学生就业质量评价指标权重的确定至关重要。权重不同,权重赋值的合理性会决定最终评价结果的科学性和合理性。确定权重的方法有很多种,其中专家打分法原理简单,在对大学生就业质量各评价要素进行重要性分析时可以采用。本书邀请专家为毕业 1—5 年的毕业生,他们能够从大学生个体视角,结合自己特点和经历对指标进行打分,在多轮征询、反馈、修正

专家意见后确定各指标权重。在对大学生就业情况详细了解的基础上,20 位专家独立给各指标打分确定权数,权数之和为 1。通过计算,工作环境的权重为 0.47,排列第一位;职业发展的权重为 0.28,排列第二位;工作报酬的权重为 0.25,排列第三位。

最终大学生就业质量评价指标体系如表 4-5 所示:

表 4-5　大学生就业质量评价指标

一级指标	二级指标	代码	衡量方式	权重
工作报酬	工资薪酬	WR	毕业后工作第一年月平均工作报酬分档	0.25
工作环境	社会保障	SI	享有的社会保障分档	0.15
	工作地点	WP	工作地点划分为不同类型	0.15
	单位性质	UN	单位性质分档	0.08
	单位规模	US	单位人数规模分档	0.09
职业发展	专业相关度	MR	毕业生个人主观评价	0.1
	工作稳定度	WS	毕业生个人主观评价	0.18

指标无量纲化处理与综合评价分数。采用百分制评分法,根据题项答案个数,分别将定性指标划分为 5 个等级,即 $V=[V_1,V_2,V_3,V_4,V_5]$,其中 V_1 为最低等级即 1 级,V_5 为最高等级即 5 级,取中值分别赋分为 $50,60,70,80,90$ 分。将各指标对应评分得分与指标权重相乘,得出就业质量定性指标的综合分数。

$$Q_i=WR_i(V_i\times 0.25)+SI_i(V_i\times 0.15)+WP_i(V_i\times 0.15)+UN_i(V_i\times 0.08)+$$
$$US_i(V_i\times 0.09)+MR_i(V_i\times 0.1)+WS_i(V_i\times 0.18) \tag{4.1}$$

毕业生感知就业质量计为 PQ,将毕业生实际感知的就业质量各指标数值代入上述公式 4.1;期望就业质量计为 EQ,将毕业生期望就业质量各指标数值代入公式 4.1。由此可得毕业生实际就业质量 SQ_i,计算方法见公式 4.2。

$$SQ_i=PQ_i\div EQ_i \tag{4.2}$$

三、量表信效度检验及修订

本书选取 W 省内 8 所高校 2021—2022 届毕业生,共发放问卷 1200 份,回收有效问卷 1150 份,有效回收率为 95.83%。本书随机抽取被试分为两组,样本 1（200 人）用于信效度分析,样本 2（1150 人）用于假设检验。

采用 SPSS25.0 对样本数据进行统计处理分析。统计方法主要有探索性因素分析、信度分析、描述统计分析、区别分析、相关分析等。

采用样本 1,运用 SPSS25.0 软件分别对自我认同量表、职业认同量表、角色行为量表进行信效度检验。

(一)效度检验

1.自我认同量表效度检验

对自我认同量表进行因子分析,KMO 值为 0.935,大于 0.6,接近于 1,表明变量间共同因素多,适合做因素分析。大部分题项的 MSA 值在 0.9 以上,只有题项 11 的 MSA 值为 0.417,小于 0.5,故删除题项 11,删除题项 11 后的自我认同量表适宜做因素分析。采用主成分分析提取法共提取 3 个共同因素,3 个因素转轴前特征值分别为 10.72、2.58、1.58,使用直线斜交法转轴后的特征值分别为 7.49、7.46、7.95,3 个因素联合解释变异量为 70.12%,大于 60%,表明提取的 3 个因素其建构的自我认同量表效度较好。3 个因素均可合理命名,因素一包含自我 1、自我 2、自我 3、自我 4、自我 5、自我 6、自我 7、自我 8 共 8 个题项,因素二包含自我 17、自我 18、自我 19、自我 20、自我 21、自我 22、自我 23、自我 24 共 8 个题项,因素三包含自我 9、自我 10、自我 12、自我 13、自我 14、自我 15、自我 16 共 7 个题项,与原先编制的构念及题项符合。根据因素所含题项变量特性,将因素一命名为自我认知、因素二命名为自我意志、因素三命名为自我体验(见表 4-6)。

表 4-6　大学生就业质量自我认同评价指标

题项	直接斜交法斜交转轴后的结构矩阵			共同性
	自我认知	自我意志	自我体验	
自我 3	0.883	0.41	0.024	0.785
自我 2	0.832	0.322	0.032	0.709
自我 4	0.798	0.416	0.139	0.687
自我 1	0.724	0.285	−0.147	0.55
自我 5	0.652	0.43	0.407	0.631
自我 6	0.638	0.474	0.415	0.673
自我 7	0.598	0.485	0.523	0.728
自我 8	0.541	0.433	0.541	0.632

题项	直接斜交法斜交转轴后的结构矩阵			共同性
	自我认知	自我意志	自我体验	
自我 23	0.255	0.87	0.155	0.784
自我 22	0.292	0.867	0.203	0.783
自我 21	0.264	0.841	0.158	0.73
自我 20	0.455	0.802	−0.106	0.685
自我 24	0.318	0.769	0.131	0.601
自我 18	0.518	0.766	−0.295	0.743
自我 17	0.47	0.703	−0.386	0.704
自我 19	0.431	0.681	−0.414	0.693
自我 15	0.415	0.174	0.881	0.801
自我 16	0.396	0.193	0.869	0.793
自我 14	0.43	0.138	0.808	0.666
自我 12	0.376	0.001	0.779	0.653
自我 9	0.402	−0.169	0.763	0.722
自我 13	0.394	−0.028	0.757	0.652
自我 10	0.371	0.276	0.689	0.723
累计解释变异量%				70.122

2.职业认同量表效度检验

对职业认同量表进行因子分析,KMO 值为 0.879,大于 0.6,接近于 1,表明变量间共同因素多,适合做因素分析。所有题项的 MSA 值在 0.787 以上,大于0.5,也表明职业认同量表适宜做因素分析。采用主成分分析提取法共提取 3 个共同因素,3 个因素转轴前特征值分别为 5.871、1.801、1.527,使用直线斜交法转轴后的特征值分别为 4.837、4.643、4.248,3 个因素联合解释变异量为 63.93%,大于 60%,表明提取的 3 个因素建构的职业认同量表效度较好。3 个因素均可合理命名,因素一包含职业 4、职业 5、职业 6、职业 7、职业 8、职业 9 共 6 个题项,因素二包含职业 1、职业 2、职业 3 共 3 个题项,因素三包含职业 10、职业 11、职业 12共 3 个题项,与原先编制的构念及题项符合。根据因素所含题项变量特性,将因素一命名为职业体验、因素二命名为职业认知、因素三命名为职业意志。(见表4-7)。

表 4-7　职业认同量表因素分析摘要表

题项	直接斜交法斜交转轴后的结构矩阵			共同性
	职业体验	职业认知	职业意志	
职业 8	0.875	0.306	0.319	0.774
职业 10	0.863	0.256	0.381	0.765
职业 7	0.832	0.546	0.122	0.731
职业 9	0.798	0.367	0.335	0.638
职业 5	0.737	0.462	0.301	0.566
职业 6	0.698	0.579	0.223	0.577
职业 3	0.293	0.833	0.374	0.702
职业 4	0.325	0.807	0.368	0.652
职业 1	0.238	0.718	0.544	0.524
职业 13	0.281	0.454	0.765	0.61
职业 12	0.243	0.518	0.739	0.582
职业 11	0.34	0.446	0.714	0.572
累计解释变异量%				63.929

3.角色行为量表效度检验

对角色行为量表进行因子分析,KMO 值为 0.948,大于 0.6,接近于 1,表明变量间共同因素多,适合做因素分析。所有题项的 MSA 值在 0.899 以上,大于0.5,也表明角色行为量表适宜做因素分析。采用主成分分析提取法共提取 3 个共同因素,3 个因素转轴前特征值分别为 10.235、5.911、2.023,使用最大变异法直交法转轴后的特征值分别为 6.390、6.065、5.714,3 个因素联合解释变异量为78.99%,大于 60%,表明提取的 3 个因素其建构的角色行为量表效度较好。3 个因素均可合理命名,因素一包含角色 16、角色 17、角色 18、角色 19、角色 20、角色21、角色 22、角色 23 共 8 个题项,因素二包含角色 1、角色 2、角色 3、角色 4、角色5、角色 6、角色 7、角色 8 共 8 个题项,因素三包含角色 9、角色 10、角色 11、角色12、角色 13、角色 14、角色 15 共 7 个题项,与原先编制的构念及题项符合。根据因素所含题项变量特性,将因素一命名为角色懈怠、因素二命名为角色适应、因素三命名为角色对抗(见表 4-8)。

表 4-8　角色行为量表因素分析摘要表

题项	直接斜交法斜交转轴后的结构矩阵			共同性
	角色懈怠	角色适应	角色对抗	
角色 21	0.906	0.07	0.261	0.893
角色 18	0.893	0.095	0.284	0.888
角色 19	0.886	0.021	0.288	0.869
角色 22	0.872	0.075	0.29	0.85
角色 23	0.863	0.035	0.28	0.824
角色 20	0.83	−0.044	0.37	0.828
角色 16	0.73	−0.022	0.49	0.773
角色 17	0.684	−0.111	0.53	0.761
角色 2	0.076	0.879	0.043	0.78
角色 3	−0.037	0.879	0.096	0.783
角色 5	0.1	0.875	−0.045	0.777
角色 7	−0.011	0.871	0.049	0.761
角色 4	−0.011	0.862	0.107	0.755
角色 1	−0.07	0.861	0.096	0.755
角色 8	−0.062	0.853	0.125	0.747
角色 6	0.217	0.827	−0.092	0.739
角色 14	0.272	0.031	0.849	0.796
角色 13	0.247	0.059	0.849	0.785
角色 12	0.281	0.069	0.846	0.8
角色 10	0.279	0.149	0.816	0.767
角色 15	0.369	0.014	0.812	0.796
角色 11	0.384	−0.001	0.763	0.73
角色 9	0.378	0.181	0.732	0.711
特征值	6.39	6.065	5.714	18.169
累积解释变异量%				78.994

（二）信度分析

1.自我认同量表信度分析

自我认同量表的"自我认知"层面的内部一致性 α 系数值为 0.898,信度指标理想;标准化的内部一致性 α 系数值为 0.899,包含的题项有 8 个。表4-9 中,8 个题项的复相关系数平方值介于 0.336 至 0.684 之间,修正的项目总相关系数值介于 0.504 至 0.777 之间,表明各题项与其他题项加总的一致性高,题项删除后的 α 系数值介于 0.876 至 0.902 之间,虽然第 1 个题项的删除后 α 系数值比 0.899 高,但层面的信度指标已较为理想,所以不必删除该题项。

表 4-9　自我认同各层面信度表

层面	题项	删除项后的标度平均值	删除项后的标度方差	修正后的项与总计相关性	平方多重相关性	删除项后的克隆巴赫 α
自我认知	自我 1	27.58	18.891	0.504	0.336	0.902
	自我 2	27.84	17.447	0.718	0.629	0.882
	自我 3	27.75	17.456	0.777	0.684	0.876
	自我 4	27.79	17.558	0.757	0.602	0.878
	自我 5	27.73	18.226	0.682	0.55	0.885
	自我 6	27.8	18.08	0.715	0.601	0.882
	自我 7	27.83	18.027	0.708	0.647	0.883
	自我 8	27.79	18.799	0.605	0.558	0.892
自我体验	自我 9	21.94	21.318	0.761	0.683	0.897
	自我 10	21.8	21.608	0.705	0.645	0.903
	自我 12	22.03	21.312	0.741	0.618	0.899
	自我 13	21.98	21.813	0.737	0.609	0.899
	自我 14	22.03	22.075	0.719	0.566	0.901
	自我 15	22.17	21.536	0.753	0.667	0.897
	自我 16	22.11	21.617	0.725	0.663	0.9

层面	题项	删除项后的标度平均值	删除项后的标度方差	修正后的项与总计相关性	平方多重相关性	删除项后的克隆巴赫 α
自我意志	自我 17	26.97	22.967	0.7	0.597	0.907
	自我 18	26.96	22.133	0.766	0.658	0.901
	自我 19	27.13	22.509	0.677	0.546	0.91
	自我 20	27.04	22.584	0.768	0.615	0.901
	自我 21	26.82	23.936	0.72	0.682	0.906
	自我 22	26.89	23.529	0.752	0.707	0.903
	自我 23	26.99	23.407	0.763	0.693	0.902
	自我 24	26.99	23.861	0.669	0.49	0.909

　　自我认同量表的"自我体验"层面的内部一致性 α 系数值、标准化的内部一致性 α 系数值均为 0.913，包含的题项有 7 个。表 4-9 中，7 个题项的复相关系数平方值介于 0.566 至 0.683 之间，修正的项目总相关系数值介于 0.705 至 0.761 之间，表明各题项与其他题项加总的一致性高，题项删除后的 α 系数值介于 0.897 至 0.903 之间，均低于层面 α 系数值 0.913，表明"自我体验"层面的内部一致性信度非常理想。

　　自我认同量表的"自我意志"层面的内部一致性 α 系数值为 0.916，信度指标理想；标准化的内部一致性 α 系数为 0.918，包含的题项有 8 个，见表 4-9。8 个题项的复相关系数平方值介于 0.490 至 0.707 之间，修正的项目总相关系数值介于 0.669 至 0.768 之间，表明各题项与其他题项加总的一致性高，题项删除后的 α 系数值介于 0.901 至 0.910 之间，均低于层面 α 系数值 0.918，表明"自我意志"层面的内部一致性信度非常理想。

　　自我认同总量表的内部一致性 α 系数值、标准化的内部一致性 α 系数均为 0.947，包含的题项有 23 个，见表 4-10。23 个题项修正的项目总相关系数值介于 0.419 至 0.718 之间，表明各题项与其他题项加总的一致性高，题项删除后的 α 系数值介于 0.943 至 0.945 之间，低于 α 系数值 0.947，表明自我认同总量表内部一致性信度理想。

表 4-10　自我认同量表信度检验

题项	删除项后的标度平均值	删除项后的标度方差	修正后的项与总计相关性	平方多重相关性	删除项后的克隆巴赫 α
自我 1	84.09	171.072	0.493	0.419	0.946
自我 2	84.34	167.386	0.659	0.672	0.944
自我 3	84.25	167.32	0.71	0.718	0.944
自我 4	84.29	167.38	0.705	0.638	0.944
自我 5	84.23	169.753	0.614	0.575	0.945
自我 6	84.3	168.619	0.68	0.637	0.944
自我 7	84.33	168.677	0.664	0.676	0.944
自我 8	84.29	170.795	0.577	0.579	0.945
自我 9	84.5	163.871	0.722	0.708	0.943
自我 10	84.36	164.366	0.685	0.7	0.944
自我 12	84.58	164.263	0.688	0.648	0.944
自我 13	84.53	165.022	0.705	0.663	0.944
自我 14	84.59	165.6	0.694	0.636	0.944
自我 15	84.72	165.587	0.665	0.688	0.944
自我 16	84.66	165.948	0.636	0.683	0.945
自我 17	84.38	167.606	0.605	0.627	0.945
自我 18	84.36	165.203	0.678	0.697	0.944
自我 19	84.53	166.589	0.587	0.581	0.945
自我 20	84.44	166.318	0.676	0.652	0.944
自我 21	84.22	170.772	0.567	0.698	0.945
自我 22	84.3	169.563	0.609	0.715	0.945
自我 23	84.4	169.405	0.612	0.715	0.945
自我 24	84.39	169.631	0.579	0.524	0.945

2.职业认同量表信度分析

职业认同量表中"职业认知"层面的内部一致性 α 系数值为 0.806,信度指标理想;标准化的内部一致性 α 系数值为 0.812,题项 1 删除后的 α 系数值比 0.806 高,但层面的信度指标已较为理想,所以不必删除题项 1(见表 4-11)。

表 4-11　职业认同各层面信度表

层面	题项	删除项后的标度平均值	删除项后的标度方差	修正后的项与总计相关性	平方多重相关性	删除项后的克隆巴赫 α
职业认知	职业 1	8.06	2.422	0.547	0.316	0.855
	职业 2	7.89	2.218	0.755	0.619	0.626
	职业 3	7.89	2.525	0.678	0.563	0.715
职业体验	职业 4	18.39	16.407	0.657	0.443	0.885
	职业 5	18.14	17.21	0.645	0.481	0.886
	职业 6	18.33	15.605	0.784	0.648	0.865
	职业 7	18.39	15.929	0.77	0.633	0.867
	职业 8	18.54	15.956	0.702	0.509	0.878
	职业 9	18.41	16.014	0.742	0.606	0.871
职业意志	职业 10	7.61	3.044	0.674	0.454	0.821
	职业 11	7.68	2.928	0.736	0.553	0.758
	职业 12	7.53	3.325	0.73	0.543	0.771

职业认同量表中"职业体验"层面的内部一致性 α 系数值和标准化的内部一致性 α 系数值为 0.894,包含的题项有 6 个。表 4-11 中,题项删除后的 α 系数值均低于层面 α 系数值 0.894,表明"职业体验"层面的内部一致性信度非常理想。

职业认同量表中"职业意志"层面的内部一致性 α 系数值为 0.844,信度指标理想;标准化的内部一致性 α 系数值为 0.847,题项删除后的 α 系数值均低于层面 α 系数值 0.847,表明"职业意志"层面的内部一致性信度非常理想。

通过分析,职业认同总量表的内部一致性 α 系数值、标准化的内部一致性 α 系数值为 0.904,包含的题项有 12 个。表 4-12 中,题项删除后的 α 系数值均小于职业认同量表总层面 α 系数值 0.904,表明职业认同总量表内部一致性信度理想。

表 4-12　职业认同量表信度检验

题项	删除项后的标度平均值	删除项后的标度方差	修正后的项与总计相关性	平方多重相关性	删除项后的克隆巴赫 α
职业 1	41.51	55.97	0.475	0.418	0.903
职业 2	41.34	55.397	0.576	0.66	0.898
职业 3	41.34	55.914	0.58	0.647	0.898
职业 4	41.72	52.954	0.647	0.486	0.895
职业 5	41.47	53.699	0.684	0.574	0.893
职业 6	41.66	51.534	0.763	0.69	0.889
职业 7	41.71	53.519	0.64	0.644	0.895
职业 8	41.87	53.014	0.627	0.523	0.896
职业 9	41.73	53.877	0.601	0.632	0.897
职业 10	41.57	52.629	0.669	0.544	0.894
职业 11	41.63	53.502	0.613	0.564	0.896
职业 12	41.49	54.142	0.659	0.589	0.894

3.角色行为量表信度分析

角色行为量表的"角色适应"层面的内部一致性 α 系数值为 0.950,信度指标理想;标准化的内部一致性 α 系数值为 0.952,包含的题项有 8 个。表 4-13 中,8 个题项的复相关系数平方值介于 0.676 至 0.775 之间,修正的项目总相关系数值介于 0.773 至 0.843 之间,表明各题项与其他题项加总的一致性高,题项删除后的 α 系数值介于 0.942 至 0.948 之间,均低于层面 α 系数值 0.952,表明"角色适应"层面的内部一致性信度非常理想。

表 4-13 角色行为各层面信度表

层面	题项	删除项后的标度平均值	删除项后的标度方差	修正后的项与总计相关性	平方多重相关性	删除项后的克隆巴赫 α
角色适应	角色 1	27.03	30.792	0.815	0.729	0.903
	角色 2	27.26	29.497	0.843	0.745	0.898
	角色 3	27.11	30.326	0.839	0.775	0.898
	角色 4	27.11	30.35	0.823	0.701	0.895
	角色 5	27.3	29.008	0.833	0.731	0.893
	角色 6	27.48	28.894	0.773	0.676	0.889
	角色 7	27.18	29.758	0.829	0.775	0.895
	角色 8	27.06	30.724	0.81	0.76	0.896
角色对抗	角色 9	19.97	38.543	0.797	0.701	0.943
	角色 10	19.81	38.034	0.836	0.742	0.94
	角色 12	19.92	37.753	0.797	0.648	0.943
	角色 13	19.83	37.529	0.854	0.736	0.938
	角色 14	19.75	38.288	0.823	0.763	0.941
	角色 15	19.76	38.241	0.837	0.779	0.94
	角色 16	19.94	37.583	0.844	0.729	0.939
角色懈怠	角色 17	18.23	71.705	0.832	0.748	0.967
	角色 18	18.1	72.472	0.806	0.733	0.968
	角色 19	18.58	69.686	0.907	0.844	0.963
	角色 20	18.48	69.435	0.904	0.827	0.963
	角色 21	18.4	69.835	0.885	0.793	0.964
	角色 22	18.59	68.993	0.909	0.863	0.962
	角色 23	18.52	69.956	0.884	0.816	0.964
	角色 24	18.48	69.904	0.874	0.777	0.964

角色行为量表的"角色对抗"层面的内部一致性 α 系数值为 0.949,信度指标理想;标准化的内部一致性 α 系数值为 0.949,包含的题项有 7 个。表 4-13 中,7

个题项的复相关系数平方值介于 0.648 至 0.779 之间,修正的项目总相关系数值介于 0.797 至 0.854 之间,表明各题项与其他题项加总的一致性高,题项删除后的 α 系数值介于 0.938 至 0.943 之间,均低于层面 α 系数值 0.949,表明"角色对抗"层面的内部一致性信度非常理想。

角色行为量表的"角色懈怠"层面的内部一致性 α 系数值为 0.969,信度指标理想;标准化的内部一致性 α 系数值为 0.968,包含的题项有 8 个。8 个题项的复相关系数平方值介于 0.733 至 0.863 之间,修正的项目总相关系数值介于 0.806 至 0.909 之间,表明各题项与其他题项加总的一致性高,题项删除后的 α 系数值介于 0.962 至 0.968 之间,均低于层面 α 系数值 0.968,表明"角色懈怠"层面的内部一致性信度非常理想。

角色行为总量表的内部一致性 α 系数值为 0.939,信度指标理想;标准化的内部一致性 α 系数值为 0.935,包含的题项有 23 个。表 4-14 中,23 个题项各题项的复相关系数平方值介于 0.693 至 0.871 之间,修正的项目总相关系数值介于 0.317 至 0.789 之间,表明各题项与其他题项加总的一致性高,题项删除后的 α 系数值介于 0.934 至 0.940 之间,部分题项删除后的 α 系数值高于 α 系数值 0.935,但总体一致性信度理想,故不考虑删除。

表 4-14　角色行为量表信度检验

题项	删除项后的标度平均值	删除项后的标度方差	修正后的项与总计相关性	平方多重相关性	删除项后的克隆巴赫 α
角色 1	71.25	286.581	0.317	0.742	0.94
角色 2	71.48	283.075	0.388	0.752	0.94
角色 3	71.33	285.433	0.346	0.782	0.94
角色 4	71.33	284.771	0.364	0.72	0.94
角色 5	71.52	283.566	0.345	0.75	0.94
角色 6	71.7	281.584	0.374	0.719	0.94
角色 7	71.4	285.031	0.33	0.778	0.94
角色 8	71.28	285.865	0.339	0.772	0.94
角色 9	72.1	266.522	0.748	0.738	0.935
角色 10	71.94	267.487	0.718	0.752	0.935
角色 12	72.05	266.645	0.694	0.693	0.936

题项	删除项后的标度平均值	删除项后的标度方差	修正后的项与总计相关性	平方多重相关性	删除项后的克隆巴赫 α
角色 13	71.96	267.34	0.705	0.752	0.935
角色 14	71.88	269.119	0.679	0.775	0.936
角色 15	71.89	269.156	0.685	0.785	0.936
角色 16	72.07	266.537	0.723	0.755	0.935
角色 17	72.47	263.021	0.756	0.773	0.934
角色 18	72.34	265.289	0.71	0.772	0.935
角色 19	72.82	260.718	0.789	0.857	0.934
角色 20	72.72	261.657	0.753	0.834	0.934
角色 21	72.64	262.305	0.738	0.813	0.935
角色 22	72.83	260.393	0.77	0.871	0.934
角色 23	72.76	261.281	0.767	0.824	0.934
角色 24	72.72	262.174	0.736	0.789	0.935

第三节 研究结论

通过分析,对自我认同、就业质量及其各结构变量的水平,自我认同与就业质量的相关性及预测效度进行了深入探究,得出研究结论。

一、相关变量描述性统计

(一)全体样本就业质量分析

对选择的期望就业质量、感知就业质量和实际就业质量进行描述性统计分析,结果如表 4-15 所示,期望就业质量的最小值(50)要低于感知就业质量最小值(53),表明有个别大学毕业生对自己所能获得的就业质量期望度不高,要低于社会实际就业水平。期望就业质量的最大值(90)要高于感知就业质量的最大值(89.20),表明有个别大学生对就业质量的期望过于理想化,要高于实际社会就业水平。期望就业质量的均值(77.8529)要高于感知就业质量的均值(74.5260),表明大学毕业生总体期望的就业质量好于实际感知水平,这与计算出来的实际就业质量一致。实际就业质量为感知就业质量与期望就业质量的比值,最小值为0.65,最大值为1.22,均值为0.96,均值小于1,即表明大学毕业生感知就业质量平均水平要低于期望就业质量,实际就业质量并不理想。

表 4-15 期望就业质量、感知就业质量和实际就业质量描述性统计

就业质量	N	最小值	最大值	平均值	标准差
期望就业质量	1150	50	90	77.8529	6.06831
感知就业质量	1150	53	89.2	74.5260	7.57325
实际就业质量	1150	0.65	1.22	0.9585	0.07809

从期望就业质量各指标的描述统计结果来看,如表 4-16 所示,在 1150 份调查样本中,有 429 名大学生期望月收入能达到 7000 元以上,人数占比最多

(37.3%);有991名大学生期望工作有"四险一金",占比高达86.2%,预示着大学生更希望工作有所保障;有721名大学生期望到省会城市或发达地级市就业,占比62.7%,而仅有3名大学生期望到农村工作;在单位规模的期望值上,期望到500人规模以上单位就业的大学生人数和选择在30—100人规模单位就业的大学生人数相当,中、大规模单位仍是大学生就业选择的首选;在单位性质方面,有599名大学生期望在政府机关、事业单位任职,比重最高(52.1%),这也可以解释目前大学生热衷于考公考编热的现象;在期望稳定性方面,希望稳定和非常稳定的大学生人数为623人,占抽样样本的54.2%,工作稳定性也是当前影响大学生就业期待的一个重要因素,和前面专家对就业质量评价指标权重的评分结果一致。同时我们也看到,灵活自由的工作也是当前大学生就业的主流选择,有316名大学生(27.5%)期望就业能相对灵活自由一些;从期望相关性来看,有643名大学生选择了高或很高,占比达到55.9%,还是有较多大学生希望从事的工作能与自己所学的专业相关,能学以致用。

表4-16　期望就业质量各指标描述性统计

指标	选项	次数	百分比	指标	选项	次数	百分比
期望月收入	4000元以下	145	12.6%	期望社会保障	其他(无)	116	10.1%
	4001—5000元	237	20.6%		仅有"三险"或"两险"	5	0.4%
	5001—6000元	170	14.8%		仅有"四险"	21	1.8%
	6001—7000元	169	14.7%		有"三险一金"	17	1.5%
	7000元以上	429	37.3%		有"四险一金"	991	86.2%
期望工作地点	农村	3	0.3%	期望单位规模	30人以下	92	8%
	乡镇	21	1.8%		30—100人	321	27.9%
	县市级	134	11.7%		101—300人	271	23.6%
	普通地级市	271	23.6%		301—500人	133	11.6%
	省会城市或发达地级市	721	62.7%		500人以上	333	29%

续　表

指标	选项	次数	百分比	指标	选项	次数	百分比
期望稳定性	非常自由灵活	123	10.7%	期望单位性质	其他	101	8.8%
	自由灵活	316	27.5%		外资合资企业	60	5.2%
	一般	88	7.7%		民营私营企业	221	19.2%
	稳定	482	41.9%		国企央企	169	14.7%
	非常稳定	141	12.3%		机关事业单位	599	52.1%
期望相关性	很低	44	3.8%				
	低	52	4.5%				
	一般	411	35.7%				
	高	447	38.9%				
	很高	196	17%				

　　从大学生感知就业质量的描述统计结果来看,如表4-17所示,实际月收入在4000元以下的被调查者是样本中的最大群体,占比为38.8%;从实际社会保障方面来看,享有"四险一金"的人数最多,有780名被调查者,占比达到67.8%;从实际工作地点来看,留在省会城市或发达地级市的被调查者人数最多,为595人,而实际在农村工作的只有17人;从实际单位规模来看,500人规模以上单位就业的人数还是抽样群体中最多的;从单位性质来看,民营(私营)企业仍然是吸纳大学毕业生的主容器,实际就业人数最多;从就业稳定性来看,认为所从事的工作稳定、非常稳定和一般的人数相当,占到总样本的94.9%,只有5.2%的被调查者认为所从事的工作稳定性差或很差;从就业与专业相关度来看,有594名大学生认为自己的工作专业相关度高或很高,占总样本的51.65%。

　　对比期望就业质量和感知就业质量,被调查大学生在月收入、社会保障、工作地点、单位性质等方面还存在一定差距;在单位规模、就业稳定性、就业专业相关度方面大致相同。

表 4-17　感知就业质量各指标描述性统计

指标	选项	次数	百分比	指标	选项	次数	百分比
实际月收入	4000 元以下	446	38.8%	实际社会保障	其他（无）	220	19.1%
	4001—5000 元	206	17.9%		仅有"三险"或"两险"	14	1.2%
	5001—6000 元	138	12%		仅有"四险"	101	8.8%
	6001—7000 元	108	9.4%		有"三险一金"	35	3%
	7000 元以上	252	21.9%		有"四险一金"	780	67.8%
实际工作地点	农村	17	1.5%	实际单位规模	30 人以下	177	15.4%
	乡镇	63	5.5%		30—100 人	254	22.1%
	县市级	235	20.4%		101—300 人	285	24.8%
	普通地级市	240	20.9%		301—500 人	107	9.3%
	省会城市或发达地级市	595	51.7%		500 人以上	327	28.4%
实际稳定性	非常差	19	1.7%	实际单位性质	其他	158	13.7%
	差	40	3.5%		外资合资企业	37	3.2%
	一般	356	31%		民营私营企业	449	39%
	稳定	464	40.3%		国企央企	143	12.4%
	非常稳定	271	23.6%		机关事业单位	363	31.6%
实际相关性	很低	118	10.3%				
	低	120	10.4%				
	一般	318	27.7%				
	高	344	29.9%				
	很高	250	21.7%				

（二）高低就业质量分组

通过可视分箱，将实际就业质量进行分组，采用观察值为基础的相等百分比位数，将分割点数目确定为 2，将变量分为"高、中、低"三组。其临界值、样本数、百分比见表 4-18。

表 4-18　实际就业质量高低分组数据

变量	变量分组	分组临界值	样本数	百分比
实际就业质量	高	1.00＋	397	34.5％
	中	0.94—0.99	371	32.3％
	低	＜0.94	382	33.2％

(三)自我认同描述性统计

对自我认同、自我认知、自我体验和自我意志进行描述性统计,结果如表 4-19 所示:大学生自我认同整体水平较高,平均值达到 88.21,占满分 115 分的 76.70％,达到中上水平。从平均值与各层面满分(40,35,40)的比值来看,自我认知、自我意志的水平较高于自我体验的水平,表明大学生在自我认知和行动上有一定的优势,但在自我的态度体验和自我接纳上略差。从最小值和最大值来看,四个变量的差距都比较大,表明大学生在上述变量上的个体差异较大。

表 4-19　自我认同及各层面因素描述性统计

	样本数	最小值	最大值	平均值	标准差
自我认知	1150	8	40	31.730	4.82188
自我体验	1150	7	35	25.6774	5.38454
自我意志	1150	8	40	30.8243	5.46199
自我认同	1150	23	115	88.2313	13.51106

(四)职业认同描述性统计

对职业认同及各层面因子进行描述性统计,结果如表 4-20 所示:大学毕业生对所从事职业的认同度平均为 45.37,占满分 60 分的 75.62％,表明大学毕业生的职业认同水平处于中上水平。从平均值与各层面满分(15,30,15)的占比来看,职业认知、职业体验、职业意志三个变量相似,表明大学生在职业认知、职业体验、职业意志三方面的水平相近,无明显差异。从最大值与最小值来看,大学生在职业认同、职业认知、职业体验、职业意志方面的个体差异仍然存在,并且差异较大。

表4-20 职业认同及各层面因子描述性统计

	样本数	最小值	最大值	平均值	标准差
职业认知	1150	3	15	11.9174	2.21341
职业体验	1150	6	30	22.0391	4.77767
职业意志	1150	3	15	11.4096	2.54329
职业认同	1150	12	60	45.3661	7.97018

二、群体差异性分析

已有研究表明,性别、学历、生源地、政治面貌、独生子女等因素是重要的人口统计因素,因此,本书将进一步探究人口统计学变量对就业质量、自我认同、职业认同的影响,并探索高低不同分组就业质量的大学生,其自我认同、职业认同是否存在差异。了解大学生个体差异,有助于寻找到提升就业质量的实践对策。其中,性别、生源地、学生干部、民族、独生子女为二分类变量,对其进行独立样本 t 检验,学历、政治面貌、就业质量分组是多分类变量,进行单因素方差分析。

(一)不同性别大学生就业质量、自我认同、职业认同差异比较

对不同性别的大学生就业质量、自我认同、职业认同的各维度进行独立样本 t 检验,结果如表4-21所示:从均值来看,男毕业生的期望就业质量、感知就业质量、实际就业质量、自我认同、职业认同都要高于女毕业生,其中期望就业质量、感知就业质量的性别差异显著($p<0.05$),其余均不显著,即男毕业生的期望就业质量、感知就业质量要显著高于女毕业生。在实际就业质量、自我认同、职业认同方面,男女大学毕业生虽有不同,但不存在显著差异。

表4-21 不同性别大学毕业生就业质量、自我认同、职业认同差异

检验变量	性别	样本数	平均数	标准差	t 值
期望就业质量	男	391	78.7813	5.65055	3.862***
	女	759	77.3746	6.22238	
感知就业质量	男	391	75.7898	7.38326	4.089***
	女	759	73.875	7.59233	

检验变量	性别	样本数	平均数	标准差	t 值
实际就业质量	男	391	0.9632	0.07765	1.445
	女	759	0.9561	0.07826	
自我认同	男	391	88.844	14.40935	1.069
	女	759	87.9157	13.02274	
职业认同	男	391	45.9233	8.00155	1.703
	女	759	45.0791	7.944	

* $p<0.05$,** $p<0.01$,*** $p<0.001$

(二)不同民族大学生就业质量、自我认同、职业认同差异比较

本书对大学生的民族进行了分组,即汉族和少数民族。经过独立样本 t 检验,可知汉族大学生的期望就业质量、感知就业质量、实际就业质量、自我认同、职业认同均高于少数民族大学生,其中期望就业质量、感知就业质量的差异达到显著(见表 4-22)。

表 4-22　不同民族大学毕业生就业质量、自我认同、职业认同差异

检验变量	民族	样本数	平均数	标准差	t 值
期望就业质量	汉族	1117	77.9165	6.04037	2.306*
	少数民族	30	75.3333	6.56072	
感知就业质量	汉族	1117	74.5898	7.56809	2.058*
	少数民族	30	71.71	7.33242	
实际就业质量	汉族	1117	0.9586	0.07825	0.334
	少数民族	30	0.9537	0.07613	
自我认同	汉族	1117	88.3115	13.46872	1.458
	少数民族	30	84.6667	15.09815	
职业认同	汉族	1117	45.3814	7.97057	0.846
	少数民族	30	44.1333	7.98591	

* $p<0.05$,** $p<0.01$,*** $p<0.001$

(三)不同生源地大学生就业质量、自我认同、职业认同差异比较

根据独立样本 t 检验,从表 4-23 中可以看出,城镇大学生的期望就业质量、感

知就业质量、实际就业质量、自我认同和职业认同均高于农村大学毕业生,且差异显著。

表 4-23 不同生源地大学生就业质量、自我认同、职业认同差异

检验变量	生源地	样本数	平均数	标准差	t 值
期望就业质量	城镇	411	78.8173	5.62139	4.168***
	农村	739	77.3165	6.24265	
感知就业质量	城镇	411	76.1642	7.37409	5.541***
	农村	739	73.6149	7.5339	
实际就业质量	城镇	411	0.9672	0.075	2.818**
	农村	739	0.9537	0.07939	
自我认同	城镇	411	90.253	12.99641	3.806***
	农村	739	87.1069	13.66868	
职业认同	城镇	411	46.2555	7.56987	2.831**
	农村	739	44.8714	8.14742	

* $p<0.05$, ** $p<0.01$, *** $p<0.001$

(四)学生干部与否大学生就业质量、自我认同、职业认同差异比较

对样本是否在大学期间担任过学生干部群体进行差异分析,经过独立样本 t 检验,发现担任过学生干部的大学生,其期望就业质量、感知就业质量、实际就业质量、自我认同、职业认同均大于在校期间未担任过学生干部的大学生,其中,在期望就业质量、感知就业质量、职业认同等 3 个变量上差异显著(见表 4-24)。

表 4-24 学生干部与否大学生就业质量、自我认同、职业认同差异

检验变量	学生干部	样本值	平均数	标准差	t 值
期望就业质量	是	542	78.5159	5.55196	3.545***
	否	608	77.2618	6.4413	
感知就业质量	是	542	75.4035	7.25417	3.745***
	否	608	73.7438	7.76948	
实际就业质量	是	542	0.9612	0.07409	1.117
	否	608	0.9561	0.08148	

检验变量	学生干部	样本值	平均数	标准差	t 值
自我认同	是	542	88.8764	14.24247	1.53
	否	608	87.6563	12.80838	
职业认同	是	542	45.9483	7.8258	2.344*
	否	608	44.847	8.06775	

* $p<0.05$，** $p<0.01$，*** $p<0.001$

（五）独生子女与否大学生就业质量、自我认同、职业认同差异比较

对于是否是独生子女的大学毕业生进行就业质量等维度的差异分析,发现是独生子女的大学生的期望就业质量、感知就业质量、实际就业质量、自我认同、职业认同均高于非独生子女的大学毕业生,其中期望就业质量、感知就业质量两个维度上的差异显著(见表 4-25)。

表 4-25　学生干部与否大学生就业质量、自我认同、职业认同差异

检验变量	独生子女	最小值	平均数	标准差	t 值
期望就业质量	是	480	78.4575	5.87011	2.869**
	否	670	77.4197	6.17441	
感知就业质量	是	480	75.2285	7.5136	2.670**
	否	670	74.0227	7.58131	
实际就业质量	是	480	0.9602	0.08005	0.609
	否	670	0.9574	0.07669	
自我认同	是	480	88.4729	13.52579	0.513
	否	670	88.0582	13.50794	
职业认同	是	480	45.6646	7.80463	1.075
	否	670	45.1522	8.08572	

* $p<0.05$，** $p<0.01$，*** $p<0.001$

（六）不同学历大学生就业质量、自我认同、职业认同差异比较

本书中,大学生学历分为专科、本科和研究生三个组,对不同学历大学生的就业质量等维度进行单因素方差分析,结果如表 4-26 所示,就期望就业质量、

感知就业质量、实际就业质量、自我认同、职业认同 5 个变量而言,不同学历大学生群体间存在差异。如表 4-27 所示,期望就业质量、感知就业质量和职业认同 3 个变量的整体性统计检验的 F 值显著,表明不同学历的大学生在这三个变量上均存在显著性差异。进一步通过事后比较,本科生的期望就业质量、感知就业质量显著高于专科生,研究生期望就业质量、感知就业质量均显著高于本科生、专科生;研究生的自我认同要显著高于本科生;研究生的职业认同要显著高于本科生、专科生。

表 4-26 不同学历大学生就业质量、自我认同、职业认同描述性统计量

变量	学历	样本数	平均值	标准差
期望就业质量	专科	231	73.7554	6.51708
	本科	720	77.8829	5.45627
	研究生	199	82.5005	3.86633
感知就业质量	专科	231	70.303	6.18036
	本科	720	74.4493	7.27334
	研究生	199	79.7055	6.96888
实际就业质量	专科	231	0.9565	0.07695
	本科	720	0.957	0.07846
	研究生	199	0.9666	0.07792
自我认同	专科	231	88.2944	13.05973
	本科	720	87.7167	13.22472
	研究生	199	90.0201	14.89762
职业认同	专科	231	45.329	8.3679
	本科	720	44.95	7.88567
	研究生	199	46.9146	7.64475

表 4-27　不同学历大学生就业质量、自我认同、职业认同区别分析

		平方和 SS	自由度	均方 MS	F 检验	事后比较 HSD 法	事后比较 Scheffe 法	事后比较 LSD 法
期望就业质量	组间	8177.45	2	4088.72	137.39***	B>A	B>A	B>A
	组内	34133.74	1147	29.76	C>A	C>A	C>A
	总计	42311.19	1149	C>B	C>B	C>B	
感知就业质量	组间	9462.44	2	4731.22	96.15***	B>A	B>A	B>A
	组内	56437.39	1147	49.20	C>A	C>A	C>A
	总计	65899.83	1149	C>B	C>B	C>B	
实际就业质量	组间	0.02	2	0.01	1.28	n. s.	n. s.	n. s.
	组内	6.99	1147	0.01			
	总计	7.01	1149				
自我认同	组间	828.37	2	414.19	2.27	n. s.	n. s.	C>B
	组内	208920.10	1147	182.15			
	总计	209748.47	1149				
职业认同	组间	602.13	2	301.07	4.77***	C>B	C>B	C>A
	组内	72386.74	1147	63.11	C>B		
	总计	72988.88	1149.00				

* $p<0.05$, ** $p<0.01$, *** $p<0.001$

(七)不同政治面貌大学生就业质量、自我认同、职业认同差异比较

本书中,大学生政治面貌分为中共党员(含预备党员)、共青团员和群众三个群体。对样本进行单因素方差分析以了解不同政治面貌大学生在就业质量、自我认同和职业认同上是否存在差异。如表 4-28 所示,不同政治面貌的大学生在期望就业质量、感知就业质量、实际就业质量、自我认同和职业认同上存在差异,但从表 4-29 中可知,上述五个变量的整体性统计检验的 F 值显著性分别为 $p=0.000,0.000,0.003,0.003,0.001$,均小于 0.05,表明不同政治面貌大学生在这五个变量上均存在显著差异。进行事后两两比较发现,党员大学生的期望就业质量、感知就业质量、实际就业质量、自我认同和职业认同均显著高于团员大学生。同时党员大学生的期望就业质量和感知就业质量均显著高于群众大学生。此外,团员大学生的期望就业质量要显著高于群众大学生。

表 4-28　不同政治面貌大学生就业质量、自我认同、职业认同描述性统计量

变量	政治面貌	样本值	平均值	标准差
期望就业质量	中共党员	352	79.65	5.28
	共青团员	699	77.28	6.17
	群众	99	75.49	6.39
感知就业质量	中共党员	352	77.16	6.91
	共青团员	699	73.50	7.57
	群众	99	72.38	7.50
实际就业质量	中共党员	352	0.97	0.08
	共青团员	699	0.95	0.08
	群众	99	0.96	0.08
自我认同	中共党员	352	90.06	13.59
	共青团员	699	87.17	13.44
	群众	99	89.26	13.10
职业认同	中共党员	352	46.61	7.38
	共青团员	699	44.71	8.07
	群众	99	45.59	8.79

表 4-29　不同政治面貌大学生就业质量、自我认同、职业认同区别分析

		平方和 SS	自由度	均方 MS	F 检验	事后比较 HSD 法	事后比较 Scheffe 法	事后比较 LSD 法
期望就业质量	组间	1918.87	2	959.44	27.25***	A>B	A>B	A>B
	组内	40392.31	1147	35.22		A>C	A>C	A>C
	总计	42311.19	1149			B>C	B>C	B>C
感知就业质量	组间	3637.83	2	1818.92	33.51***	A>B	A>B	A>B
	组内	62262.00	1147	54.28		A>C	A>C	A>C
	总计	65899.83	1149					

		平方和 SS	自由度	均方 MS	F检验	事后比较 HSD法	事后比较 Scheffe法	事后比较 LSD法
实际就业质量	组间	0.07	2	0.04	5.98**	A>B	A>B	A>B
	组内	6.93	1147	0.01				
	总计	7.01	1149					
自我认同	组间	2071.69	2	1035.84	5.72**	A>B	A>B	A>B
	组内	207676.79	1147	181.06				
	总计	209748.47	1149					
职业认同	组间	852.72	2	426.36	6.78**	A>B	A>B	A>B
	组内	72136.16	1147	62.89				
	总计	72988.88	1149					

* $p<0.05$, ** $p<0.01$, *** $p<0.001$

(八)不同就业质量大学毕业生自我认同、职业认同差异分析

本书中将大学生实际就业质量高、中、低三个等级作为分组依据,采用单因子方差分析,研究不同就业质量水平的大学生在期望就业质量、感知就业质量、自我认同、职业认同上是否存在显著差异。分析结果如表4-30、表4-31所示,不同等级就业质量的大学生在期望就业质量、感知就业质量、自我认同、职业认同上均存在显著差异,整体性统计检验的F值显著性均为 $p=0.000$。进行事后两两比较,高就业质量的大学生的感知就业质量、自我认同、职业认同要显著高于中、低就业质量的大学生。中等就业质量的大学生感知就业质量、自我认同、职业认同要显著高于低等就业质量大学生。低等、中等就业质量大学生的期望就业质量要显著高于高就业质量的大学毕业生,这也揭示了实际就业质量较低的大学生群体之所以就业满意度不高,即在于他们对就业质量的预期要高于实际,正是这种需求未被满足从而导致了他们对现有工作的不满意。

表 4-30　不同就业质量等级大学生期望就业质量等因子描述性统计量

变量	实际就业质量	样本值	平均值	标准差
期望就业质量	低	382	78.80	5.16
	中	371	78.52	5.94
	高	397	76.32	6.69
感知就业质量	低	382	68.50	6.04
	中	371	76.22	6.03
	高	397	78.74	6.46
自我认同	低	382	76.56	10.05
	中	371	87.84	7.17
	高	397	99.84	10.85
职业认同	低	382	38.04	6.03
	中	371	45.85	4.86
	高	397	51.97	5.61

表 4-31　不同就业质量等级大学生期望就业质量等因素区别分析

		平方和 SS	自由度	均方 MS	F 检验	事后比较 HSD 法	事后比较 Scheffe 法	事后比较 LSD 法
期望就业质量	组间	1438.79	2	719.39	20.188***	A>C	A>C	A>C
	组内	40872.40	1147	35.63		B>C	B>C	B>C
	总计	42311.19	1149					
感知就业质量	组间	21990.37	2	10995.19	287.216***	B>A	B>A	B>A
	组内	43909.46	1147	38.28		C>A	C>A	C>A
	总计	65899.83	1149			C>B	C>B	C>B
自我认同	组间	105604.799	2	52802.40	581.546***	B>A	B>A	B>A
	组内	104143.674	1147	90.80		C>A	C>A	C>A
	总计	209748.473	1149			C>B	C>B	C>B
职业认同	组间	37919.51	2	18959.76	620.109***	B>A	B>A	B>A
	组内	35069.37	1147	30.58		C>A	C>A	C>A
	总计	72988.88	1149			C>B	C>B	C>B

* $p<0.05$, ** $p<0.01$, *** $p<0.001$

三、就业质量与自我认同相关性与预测分析

(一)自我认同、职业认同与期望就业质量相关性与预测分析

自我认同、职业认同与期望就业质量的相关关系见表 4-32,从表中可知,自我认同与期望就业质量之间存在显著相关性,并且相关性为负相关,表明大学生自我认同越高,越了解自己,所期望的就业质量反而越低,即大学生对就业质量不会过于理想化。同时,自我认同和职业认同之间存在显著正相关,相关系数为 0.696。

表 4-32　自我认同、职业认同与期望就业质量的相关性

	期望就业质量	自我认同	职业认同
期望就业质量	1		
自我认同	-0.066^*	1	
职业认同	-0.03	0.696^{***}	1

$^*p<0.05$, $^{**}p<0.01$, $^{***}p<0.001$

从表 4-33 中可以看出,自我认同的标准化回归系数为负值,表明自我认同对期望就业质量的影响为负向。职业认同的标准化回归系数为正值,表明职业认同对期望就业质量的影响为正向。自我认同、职业认同与期望就业质量的多元相关系数为 0.07,多元相关系数的平方为 0.005,表明这两个变量可解释期望就业质量变量 0.5% 的变异量。回归模型的整体性统计检验的 F 值未达到显著水平,表明用自我认同、职业认同对期望就业质量进行预测效果不佳。

表 4-33　自我认同、职业认同与期望就业质量复回归分析

预测变量	B	标准误	标准化系数 Beta(β)	t 值
(常量)	80.28	1.22		66.08
自我认同	-0.04	0.02	-0.09	-2.122^*
职业认同	0.02	0.03	0.03	0.72

R=0.07　$R^2=0.005$　调整后的 $R^2=0.003$　F=2.804

$^*p<0.05$　$^{**}p<0.01$　$^{***}p<0.001$

进一步分析自我认同、职业认同各因子与期望就业质量的相关性,结果见表

4-34 和表 4-35。由此可知,自我认知、自我体验、自我意志、职业认知与期望就业质量之间存在显著负相关。自我认同和职业认同各因子间存在显著正相关。从复回归分析摘要表中可知,自我认知、自我体验、自我意志、职业认知、职业体验、职业意志这六个自变量与期望就业质量效标变量的多元相关系数为 0.144,多元相关系数的平方为 0.021,表明六个自变量共可解释期望就业质量变量 2% 的变异量。自我认知、自我体验、职业认知、职业意志四个自变量的标准化回归系数为负数,表明这四个变量对期望就业质量的影响为负向,自我意志、职业体验两个自变量的标准化回归系数为正值,表明这两个变量对期望就业质量的影响为正向。从标准化回归系数来看,职业认知和职业体验这两个显著回归系数的自变量中,职业体验的 β 系数绝对值较大,表示这个预测变量对期望就业质量的解释力较高。其余四个预测变量的回归系数未达显著,表明这些变量对期望就业质量的变异解释甚小。

表 4-34　自我认同、职业认同各因子与期望就业质量相关性

	期望就业质量	自我认知	自我体验	自我意志	职业认知	职业体验	职业意志
期望就业质量	1						
自我认知	-0.081^{**}	1					
自我体验	-0.063^{*}	0.749^{***}	1				
自我意志	-0.031	0.550^{***}	0.554^{***}	1			
职业认知	-0.101^{***}	0.510^{***}	0.446^{***}	0.387^{***}	1		
职业体验	0.017	0.515^{***}	0.663^{***}	0.473^{***}	0.432^{***}	1	
职业意志	-0.041	0.454^{***}	0.476^{***}	0.447^{***}	0.588^{***}	0.558^{***}	1

$^{*} p < 0.05$, $^{**} p < 0.01$, $^{***} p < 0.001$

表 4-35　自我认同、职业认同对期望就业质量的复回归分析表

预测变量	B	标准误	标准化系数 Beta(β)	t 值
(常量)	81.17	1.33		60.86
自我认知	-0.06	0.06	-0.05	-0.97
自我体验	-0.08	0.06	-0.08	-1.46
自我意志	0.02	0.04	0.02	0.43
职业认知	-0.29	0.11	-0.11	-2.737^{**}

预测变量	B	标准误	标准化系数 Beta(β)	t 值
职业体验	0.16	0.05	0.13	3.044**
职业意志	0.00	0.10	0.00	−0.04

R＝0.144　R^2＝0.021　调整后的 R^2＝0.016　F＝4.037**

* $p<0.05$，** $p<0.01$，*** $p<0.001$

（二）自我认同、职业认同与感知就业质量相关性与预测分析

自我认同、职业认同与感知就业质量的相关关系见表 4-36，自我认同、职业认同与感知就业质量均呈现显著正相关。表明大学生自我认同越高，其感知就业质量就越高，反之越低。大学生职业认同越高，其感知就业质量就越高，反之越低。

表 4-36　自我认同、职业认同和感知就业质量相关性

	感知就业质量	自我认同	职业认同
感知就业质量	1		
自我认同	0.451***	1	
职业认同	0.503***	0.696***	1

* $p<0.05$，** $p<0.01$，*** $p<0.001$

分析自我认同、职业认同对感知就业质量的预测关系。从表 4-37 中可知，自我认同、职业认同与感知就业质量的多元相关系数为 0.522，多元相关系数的平方为 0.273，表明这两个变量可解释感知就业质量 27.3% 的变异量。回归模型的整体性统计检验的 F 值达到显著水平。自我认同、职业认同的标准化回归系数均为正值，表明自我认同、职业认同对感知就业质量的影响为正向。自我认同、职业认同两个变量的标准化回归系数显著，其中职业认同的 β 系数绝对值较大，表示该预测变量对感知就业质量的解释力较高。

表 4-37　自我认同、职业认同对感知就业质量的复回归分析

预测变量	B	标准误	标准化系数 Beta(β)	t 值
（常量）	49.05	1.30		37.84
自我认同	0.11	0.02	0.20	5.571***

续　表

预测变量	B	标准误	标准化系数 Beta(β)	t 值
职业认同	0.35	0.03	0.37	10.456***

R＝0.522　R²＝0.273　调整后的 R²＝0.271　F＝214.861**

* $p<0.05$,** $p<0.01$,*** $p<0.001$

进一步分析自我认同、职业认同各因子与感知就业质量的相关性,结果见表4-38。由结果可知,自我认知、自我体验、自我意志、职业认知、职业体验、职业意志与感知就业质量之间存在显著正相关。

表 4-38　自我认同、职业认同各因子与感知就业质量的相关性分析

	感知就业质量	自我认知	自我体验	自我意志	职业认知	职业体验	职业意志
感知就业质量	1						
自我认知	0.378***	1					
自我体验	0.420***	0.749***	1				
自我意志	0.368***	0.550***	0.554***	1			
职业认知	0.381***	0.510***	0.446***	0.387***	1		
职业体验	0.468***	0.515***	0.663***	0.473***	0.432***	1	
职业意志	0.364***	0.454***	0.476***	0.447***	0.588***	0.558***	1

* $p<0.05$,** $p<0.01$,*** $p<0.001$

从复回归分析摘要表 4-39 中可知,自我认知、自我体验、自我意志、职业认知、职业体验、职业意志六个自变量与感知就业质量效标变量的多元相关系数为0.528,多元相关系数的平方 0.279,表明六个自变量共可解释感知就业质量变量 27.9％的变异量。自我认知等六个自变量的标准化回归系数为正数,表明这六个变量对感知就业质量的影响为正向,自我意志、职业认知、职业体验这三个自变量的标准化回归系数显著,其中职业认知、职业体验的 β 系数绝对值较大,表示这两个预测变量对感知就业质量的解释力较高。其余三个预测变量的回归系数未达显著,表明这些变量对实际就业质量的变异解释较小。

表 4-39 自我认同、职业认同对感知就业质量的复回归分析表

预测变量	B	标准误	标准化系数 Beta(β)	t 值
（常量）	48.90	1.43		34.23
自我认知	0.05	0.06	0.03	0.74
自我体验	0.11	0.06	0.08	1.73
自我意志	0.15	0.04	0.11	3.458**
职业认知	0.55	0.11	0.16	4.856***
职业体验	0.43	0.06	0.27	7.427***
职业意志	0.06	0.10	0.02	0.59

$R = 0.528$　$R^2 = 0.279$　调整后的 $R^2 = 0.275$　$F = 73.622$***

* $p < 0.05$,** $p < 0.01$,*** $p < 0.001$

（三）自我认同、职业认同与实际就业质量相关性与预测分析

本书关注的实际就业质量反映的是大学生感知就业质量与期望就业质量的比值,即就业质量由就业期望的被满足度来体现。所以对样本的实际就业质量进行了高、中、低三个不同水平的分组,研究不同分组中大学生自我认同、职业认同是否与其就业质量分组相关。根据区别分析,Fisher's 线性区别函数如下:

第一群组分类函数:

$$F_1 = 0.664 \times 自我认同 + 0.807 \times 职业认同 - 41.867 \tag{4.3}$$

第二群组分类函数:

$$F_2 = 0.743 \times 自我认同 + 1.010 \times 职业认同 - 56.901 \tag{4.4}$$

第三群组分类函数:

$$F_3 = 0.846 \times 自我认同 + 1.143 \times 职业认同 - 73.030 \tag{4.5}$$

从表 4-40 中可以看出,大学毕业生自我认同、职业认同两个自变量可以有效区分大学生就业质量高、中、低三个组别,有两个区别函数达到显著。第一个区别函数的 Wilks'Λ 为 0.395($p = 0.000 < 0.01$),第二个区别函数的 Wilks'Λ 为 0.994($p = 0.007 < 0.01$)。从标准化典型区别系数值来看,与第一区别函数相关度高的为职业认同变量;与第二区别函数相关度高的为自我认同变量。因而,第一区别函数主要借由职业认同来区别不同就业质量水平的大学生样本,第二区别函数中自我认同对不同就业质量水平的大学毕业生区别度较高。

表 4-40　自我认同、职业认同与实际就业质量的相关性分析

自变量	标准化典型区别函数		结构系数		未标准化区别函数	
	第一函数	第二函数	第一函数	第二函数	第一函数	第二函数
自我认同	0.58	0.91	0.82	0.58	0.06	0.10
职业认同	0.62	−0.89	0.84	0.54	0.11	−0.16
截距					−10.48	−1.20

第一个区别函数：$\lambda=1.514$　Wilks'$\Lambda=0.395$　卡方值$=1063.994^{***}$

第二个区别函数：$\lambda=0.006$　Wilks'$\Lambda=0.994$　卡方值$=7.194^{**}$

$^{*}p<0.05,^{**}p<0.01,^{***}p<0.001$

从表 4-41 中可以发现，在 382 名低就业质量的大学生中，被两个自变量区别分类正确的样本有 331 位，正确率为 86.6%；在 371 位中等就业质量的大学生中，被两个自变量区别分类正确的样本有 308 位，分类正确率为 83%；在 397 位高就业质量大学生中，被两个自变量区别分类正确的样本有 338 位，分类正确率为 85.1%。就总预测率而言，两个自变量区别不同就业质量水平的大学生组样本的百分比为 84.96%，其区别效果较佳。

表 4-41　实际就业质量分类正确交叉表

实际就业质量	实际分类样本	区别预测结果分类		
		低就业质量	中就业质量	高就业质量
低就业质量	382	331	45	6
		86.6%	11.8%	1.6%
中就业质量	371	35	308	28
		9.4%	83%	7.5%
高就业质量	397	19	40	338
		4.8%	10.1%	85.1%

总预测正确率＝84.96%

（四）自我认同、职业认同、角色行为和就业质量相关性与预测分析

对角色行为有效分组的 830 个样本进行自我认同、职业认同、就业质量相关性分析。在分析前，先将角色行为的三种类型分别转化为"虚拟变量 1"（适应 & 懈怠）和"虚拟变量 2"（对抗 & 懈怠）。具体相关情况见表 4-42。

表 4-42　角色行为、就业质量、自我认同和职业认同相关性分析

	期望就业质量	感知就业质量	实际就业质量	自我认同	职业认同	适应 & 懈怠	对抗 & 懈怠
期望就业质量	1						
感知就业质量	0.615***	1					
实际就业质量	−0.173***	0.668***	1				
自我认同	−0.022	0.482***	0.622***	1			
职业认同	0.011	0.524***	0.644***	0.695***	1		
适应 & 懈怠	0.129***	0.234***	0.171***	0.316***	0.308***	1	
对抗 & 懈怠	−0.072*	−0.208***	−0.196***	−0.268***	−0.272***	−0.694***	1

* $p < 0.05$,** $p < 0.01$,*** $p < 0.001$

进一步就角色行为对就业质量、自我认同和职业认同作预测分析。具体结果如表 4-43 至表 4-47 所示。回归系数显著性检验的 t 值、回归模型整体显著性检验 F 值均小于 0.05,达到显著水平,表明角色行为对期望就业质量、感知就业质量、实际就业质量、自我认同、职业认同均有显著的解释力。与懈怠型相比,适应型、对抗型大学生的期望就业质量要高;适应型大学生的感知就业质量、实际就业质量要高,对抗型大学生感知就业质量、实际就业质量要低;适应型大学生的自我认同、职业认同要高,对抗型大学生的自我认同、职业认同要低。

表 4-43　角色行为对期望就业质量预测回归分析

	B	标准误	标准化系数 Beta(β)	t 值
（常量）	76.144	0.680		111.933***
适应 & 懈怠	2.272	0.716	0.152	3.176**
对抗 & 懈怠	0.645	0.932	0.033	0.691

$R = 0.131$　$R^2 = 0.017$　调整后的 $R^2 = 0.015$　$F = 7.244^{**}$ (0.001)

* $p < 0.05$,** $p < 0.01$,*** $p < 0.001$

表 4-44　角色行为对感知就业质量的预测回归分析

	B	标准误	标准化系数 Beta(β)	t 值
（常量）	72.239	0.86		83.958***
适应 & 懈怠	3.316	0.905	0.172	3.663***
对抗 & 懈怠	−2.251	1.179	−0.089	−1.909**

R=0.242　R^2=0.059　调整后的 R^2=0.056　F=25.799***

* $p<0.05$, ** $p<0.01$, *** $p<0.001$

表 4-45　角色行为对实际就业质量的预测回归分析

	B	标准误	标准化系数 Beta(β)	t 值
（常量）	0.951	0.009		106.99
适应 & 懈怠	0.013	0.009	0.068	1.429***
对抗 & 懈怠	−0.038	0.012	−0.149	−3.157***

R=0.202　R^2=0.041　调整后的 R^2=0.039　F=17.603***

* $p<0.05$, ** $p<0.01$, *** $p<0.001$

表 4-46　角色行为对自我认同的预测回归分析

	B	标准误	标准化系数 Beta(β)	t 值
（常量）	81.75	1.431		57.131
适应 & 懈怠	8.284	1.505	0.251	5.504***
对抗 & 懈怠	−4.006	1.961	−0.093	−2.043***

R=0.323　R^2=0.104　调整后的 R^2=0.102　F=48.249***

* $p<0.05$, ** $p<0.01$, *** $p<0.001$

表 4-47　角色行为对职业认同的预测回归分析

	B	标准误	标准化系数 Beta(β)	t 值
（常量）	41.708	0.89		46.879
适应 & 懈怠	4.713	0.936	0.23	5.036***

	B	标准误	标准化系数 Beta(β)	t 值
对抗 & 懈怠	-2.977	1.219	-0.112	-2.441^{***}

R＝0.318　R^2＝0.101　调整后的 R^2＝0.009　F＝46.628***

* $p<0.05$，** $p<0.01$，*** $p<0.001$

　　本章首先根据研究目的提出研究假设，对研究工具如大学毕业生自我认同量表、职业认同量表、角色行为量表编制情况进行了说明，并介绍了就业质量计算公式和就业质量评价指标及无纲量化处理结果。其次，对自我认同等三个量表进行信效度检验，结果均良好。在此基础上，通过对问卷调查获得的数据进行描述性统计、独立样本 t 检验和方差分析，分析了大学毕业生就业质量、自我认同、职业认同现状及群体差异性。然后，本章对影响大学毕业生就业质量的自我认同、职业认同、角色行为因素进行了相关分析。最后，本章运用分类交叉等分析方法计算了自我认同、职业认同和角色行为对大学生就业质量的预测性，识别现阶段影响大学生就业质量的关键因素。

第五章

大学生就业质量
提升策略

从大学生作为主体的微观视角出发来研究就业质量定义、影响机制和相关影响因子,其根本目的在于提升就业质量。大学生发挥自我主观能动性,以实际行动来提升自我就业质量,其中包含就业质量内部提升策略和外部支持策略。

大学生就业质量差距

从就业质量的概念可知,实际就业质量是大学生期望就业质量与感知就业质量相比较的结果。当感知就业质量低于期望就业质量时,大学生会产生较差的体验,这也正是我们需要关注的。结合就业质量形成过程和影响因素,可以构建大学生就业质量差距分析模型(见图 5-1),提出 3 种就业质量差距。通过这个模型,可以分析大学生就业质量不高的原因,从而帮助就业质量管理者采取有效措施提升就业质量。

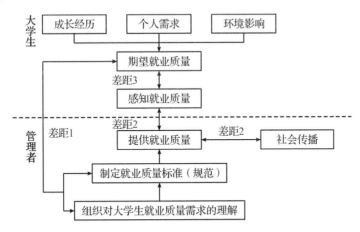

图 5-1　大学生就业质量差距分析模型

一、就业质量定义认知差距

就业质量定义认知差距是指大学生对就业质量的期望与管理者对大学生期

望就业质量的认知之间存在的差距。其中最为直接的表现是大学生想要的就业质量和管理者认为大学生想要的就业质量之间存在明显差异。管理者包括但不限于为大学生提供就业质量的组织或个人,如国家、政府、用人单位或就业服务机构等。管理者与大学生对于就业质量期望的认知差距可以体现在就业质量要素(薪酬、专业对口度、职位适应度、职业发展度等)和就业质量标准(好与坏、高与低的判定依据)两个方面。

造成这一差距的原因,主要在于管理者与大学生各自思考角度和立场的不同,以及管理者对大学生个体需求的洞察不够准确和大学生自身在主体性的发挥上存在不足。换言之,管理者不能很好地理解大学生就业质量需求,大学生也没有清楚地表达自己的需求,两者之间缺乏有效沟通。具体来看有以下几点:大学生对于自我认知不清,无法明确表达自我期望的就业质量;大学生没有向上有效传递自己的就业质量期望,与管理者之间沟通不畅;管理者通过调研或其他方式所掌握的关于大学生就业质量期望数据不准确;管理者对于大学生就业质量需求的理解和分析不准确;管理者缺乏对大学生就业质量需求进行调研的意识或调研分析能力不足;管理者和大学生之间组织机构繁多、组织层次过多,影响管理者和大学生直接接触和信息准确传递;管理者对于大学生期望的可行性认识不足;管理者对就业质量标准(规范)执行不到位。即使管理者理解大学生对于其就业质量的真实需求,也会有不能理解支持,或不能将大学生需求融入管理者制定的就业质量标准中的情形。如果这两者认知差距越大,则大学生自我认同下的就业质量定义就越不清晰准确,进而导致模糊的就业质量和缺乏明确方向的就业行为,大学生对所获得的就业质量无从比较,从而给予就业质量较差评价。

二、就业质量传递差距

就业质量传递差距,是指大学生实际所感知的就业质量同管理者所提供的就业质量存在差距,或是与单位或行业在外部市场沟通时向大学生所承诺的就业质量有差距。前者差距的存在,说明管理者提供的就业质量(主要是工作特征)未能达到管理者制定的标准。后者差距的产生,则表明用人单位或行业未能按承诺提供相应的就业质量。

产生这种差距的原因,往往在于:单位就业质量标准定得过高难以实现;大学生对于管理者制定的就业质量标准不认可;管理者提供给大学生的就业质量在生产和供给过程中管理不规范;单位体制和发展现状无法按标准(规范)向大学生提供就业质量;对于单位或管理者提供给大学生的就业质量的监管系统不科学、监督不力;单位向市场传递的就业质量信息不准确;单位向市场传递信息的管理与就业质量实际提供的管理不一致;大学生认知的行业平均就业质量高于大学生实际就业的单位的就业质量。

当产生就业质量传递差距时,特别是大学生的感知就业质量低于管理者所提供或承诺的就业质量时,大学生的职业认同会发生偏差,对所从事职业产生消极体验,工作投入会减少,将现有工作作为终身事业长期坚持的信心和概率会降低。自然而然,其对就业质量的体验满意度不高,就业质量评价也就较差。

三、感知质量差距

感知质量差距,是大学生期望的就业质量与实际感知的就业质量之间的差距。从某种意义上来说,感知质量差距实际上是上述两种差距的总和。不论是管理者、组织或行业传递给大学生的,还是他们制定的就业质量标准,都构成了大学生期望就业质量的雏形。在此基础上,大学生基于身份认同、角色认同和职业认同,有着个人对于就业质量的独特理解和期待。他们会设定自己可以接受的就业质量标准,会通过亲身体验对就业质量做出评价,形成个人的感知就业质量。由于种种原因,大学生实际感知的就业质量往往低于其期望的就业质量。两者之间差距越大,大学生对就业质量就越不满意,体验感就越差,便会给出就业质量差的评价,哪怕相对于他人来说,他所获得的就业质量已经是较高水平的了。

就业质量差距分析模型,上半部分与大学生有关,下半部分则与管理者有关。大学生期望的就业质量是大学生对自我认知和认可、个人需要和价值、角色期待和确认、就业行动和投入、过往经历和经验等多方面共同作用的结果,同时还受到用人单位、行业在外部市场宣传的影响。大学生感知的就业质量就是其对就业的体验,它是大学生个体一系列认知、决策和就业活动的结果。管理者对于大学生期望就业质量的认知决定了管理者所制定的就业质量标准和为此做的努力,即按照就业质量标准提供政策保障、人才培养、就业服务等。

该模型对于如何提升就业质量传递了清晰的信息:从自我认同视角来看,就业质量评价关键取决于大学生的期望就业质量和感知就业质量;促成感知就业质量与期望就业质量一致或超过期望就业质量,是提升就业质量的关键;提升就业质量的关键在于弥合上述三个差距;这三个差距的弥合都突显了大学生自我认同的重要作用;弥合差距的大学生就业质量策略选择,构成激发大学生内在驱动力的内生型就业质量提升路径。

大学生就业质量提升内部策略

大学生在就业质量生产过程中,体验到就业质量带给其一定价值,无论是符号价值还是工具价值,他会将所获得的价值与自己期望的就业质量相比较,并在比较的过程中,受到就业质量生成场域中的其他行动者、惯习的影响,最终形成自己对就业质量的总体认知和感觉,这就是大学生感知到的就业质量。造成期望就业质量与感知就业质量之间的差距总共有三类。管理这些差距,以缩短期望就业质量和感知就业质量间的差距,将有助于我们提升大学生就业质量。

一、就业质量定义认知差距管理

出现就业质量定义认知差距,一方面来看是由于管理者对大学生就业质量内涵的理解和需求的把握得不到位,但从另一方面来看,则是在就业质量生成场域中,大学生自我定位不清晰或不准确,从而导致其对自我就业质量的需求无法准确定义,即期望就业质量存在一定问题。只有从大学生自身角度缩短该差距,针对这些原因对症下药,才能消除由于就业质量定义认知差距导致的就业质量差的状况。

(一)建构合理自我认同

当一名大学生能反思并建构合理自我认同,才有可能负责任地自主行动和不懈努力。大学生就业质量自我定义过程,就是大学生在生活历程与就业经历中找寻自我、建构自我的过程。大学生合理建构自我认同,既是大学生自我认同的结果,也是大学生追求高就业质量的内在基础。合理的自我认同让自我定位更准确,就业质量需求更清晰,职业规划和就业行为更有效,由此实际就业质量的获得感和满意度才会高,管理者调研和分析大学生就业质量才会越准确,提供的工作特征和就业指导服务才会更合大学生"心意"。

大学生建构合理自我认同。大学生构建合理自我认同的关键是要意识到自我认同的合规性和合目的性,其关键要素有同一性、差异性、连续性、阶段性、整体性和碎片性。其中,同一性强调的是大学生在不同时空下(学校、职场和家庭,过去、当下和未来等)自我一致性,是内外自我一致性(人格的连续性)。没有同一性,大学生就很难理解和确认自己的身份。同时,同一性还要求大学生与群体保持一致,要按群体规则思考和行为。在自身经历和外部环境共同作用下,大学生形成了一套属于自己的身份规约和与之相对应的价值诉求,在此之下大学生合理定义就业质量,并按期望生成就业质量。差异性则表明大学生与他者之间的界限和区别。大学生要意识和理解个体的独特性,明白每一个人的性格、兴趣、爱好、特长、能力、社会地位和成长经历的与众不同,这些与众不同塑造了个体的多重身份和身份意义的多样性。此外,大学生反思性自我理解的水平也是不一致的,不同大学生启动显著性身份的数量、社会赋予同一个身份意义的解读也是不一致的。所以,大学生需要在就业实践中思考和确立自己所期望的就业质量,找到适合自己的就业质量生成和提升路径。连续性是大学生对于成长经历和就业质量生成过程的一种经验。大学生可以持续性地描述和反思自我,也是同一性在时间上的体现。阶段性则说明大学生的成长和就业质量生成过程是动态发展的,具有阶段性的特点,发展规律一般为"认同—认同危机—新认同"。整体性则要求大学生要从整体上去理解和把握自我认同,不论是以往的认同还是新的认同,不论是核心认同还是非核心认同,大学生要整合自我认同的不同结构以保持认同的整体性和连续性。碎片性则要求大学生重视碎片式生活,在零散的、变化的、看似无关联甚至有时无意义的情境中主动审视自我,寻找和建构自我。大学生就业质量自我认同的合目的性,主要体现在大学生自我认同的就业质量要包含对自身价值、发展目标、就业需求、生存状况、生命意义的重视与探索。它在某种程度上反映了自我认同的方向和功能,表明了大学生就业质量生成的底层逻辑,即大学生的就业质量和自我价值观相关,受生命意义的驱动,同时,就业质量又和社会息息相关,在生活的点滴中都有所涉及。

大学生自我认同的合理重构。身份认同、角色认同和职业认同是大学生自我认同的重要结构,分别从自我定位、内在动力和外部制约等不同的角度影响大学生就业质量。提升大学生就业质量,建立合理自我认同,也要着手对身份认同、角色认同和职业认同进行重构。认同,说到底就是价值的问题。大学生的价值可以分为个体价值和社会价值。大学生个体价值包括物质价值、精神价值、生命价值等,社会价值包括政治价值、经济价值、文化价值等。大学生就业质量生成情境中的自我认同,既要关注工资报酬、社会保障、职业声望、社会地位等外在价值,也要关注个人发展、工作挑战、工作成就、生命价值等内在价值。这些价值都隐含在大学生就业质量定义和生产当中。大学生身份认同、角色认同和职业认同要实现重构,需要大学生的身份具有主体功能和价值,并能够实现这些功能和价值,需要大学生在与外部交互协调后主动反思性理解自我、重构自我意义;需要大学生对于角色期待有选择性地吸纳,能够理性看待和积极应对角色冲突及引发的认同危机;需要大学生兼顾个人价值和社会价值,对职业有合理认知和评价,在实践中逐步明晰职业定位和职业规划,不断发展完善职业能力以适应未来发展。

(二)"关键时刻"身份启动

"关键时刻"作为管理学术语,应用在大学生就业质量管理中,可以理解为大学生对于工作特征的接触。这一接触时的体验、感受可能决定大学生对于就业的整体看法和评价,并且在贝里、帕拉苏拉曼等人看来是影响就业质量看法的最重要因素。众多细小的接触不一定是一次性向大学生传递的,而是叠加形成大学生对于就业质量的主观感知。这些接触带来的体验可能是愉快的、满意的,也可能是伤心的、失望的。当大学生感到工作特征无法满足其价值诉求或不友好时,他会感到沮丧;而当大学生认为工作特征与其付出成正比甚至超出其预期,个人感到被尊重和安全时,则会经历非常美好的时刻。在就业质量生产和获得的整个过程中,最初阶段大学生经历的"关键时刻"的体验尤为重要,可能是上级、同事或顾客的肯定与夸赞,或是知道当月工资数额的那一刻。在理解"关键时刻"之后,我们就要进一步分析那一时刻个体被唤醒的身份。大学生启动的身份会影响大学生的价值判断和决策,影响大学生就业质量的自我定位。身份启动和"关键时刻"体验是同时进行的。如果大学生启动的身份和随之而来的身份认同,与"关键时刻"传递而来的就业质量相吻合的话,大学生就会体验愉快,对就业质量评价好;反之则会有不愉快的体验,紧随其来的是就业质量差的评价。根据这样的认知情绪行为反应模式,大学生可以尝试建立"关键时刻"身份启动的正向反应。也就是说,大学生主动去唤醒与"关键时刻"相适应的身份,以合适的身份去体验和评价提供的就业质量,产生积极的行为去投入下一阶段的就业质量生产中。在组织或行业提供的工作特征既定的情况下,大学生主动的相适应的认知策略能够帮助他们获得更好的就业质量体验。应用"关键时刻"身份启动的重要一点就是和谐,即大学生认知、行为模式和就业质量生成场域的协调一致。合适的身份认知,需要大学生反思成长经历,对重要事件中帮助自己取得成功体验的身份予以确认和巩固。

(三)建立合理就业期望

大学生实际就业质量取决于期望就业质量与感知就业质量的对比。作为一个以感知就业质量与期望就业质量两个变量相比的函数,若想获得更高层次的实际就业质量,具体可以从以下几个方面入手:一是保持感知就业质量不变,降低期望就业质量。这种方式是大学生群体提高就业质量可较多采用的一种方式。根据前期调研,低就业质量的大学生,往往缺少对职业世界的认知,他的期望就业质量往往是根据个人偏好而定的,缺少实际生活观照,有时距离现实差距较大甚至脱离现实。正是由于期望就业质量过高,感知就业质量无法达到而产生就业质量评价差、满意度低的现象。所以,大学生期望的就业需求要与实际工作世界相吻合,不能将期望就业质量预设得过高。二是保持期望就业质量,努力提高感知就业质量。如果要采用此种方法,大学生必须要提高自己的就业软实力与硬实力,具有获得高质量工作特征的对等资格。一些高回报的工作机会对从业人员的要求往往也比较高。不论是专业能力,还是身体素质、品德人格等等,都要求从业者相当优秀。所以,大学生要努力提高自己的综合素质,以期获得更高就业质量。三是同时提高两个就业质量,但感知质量的提高幅度要大于期望质量的提高幅度。大学生作为理性的经济人,自然有着对更高就业质量的渴求,会期望工作给予自己更多的回报。但同时,大学生也要清醒认识到,自己也要付出更多努力,表现得更为优秀,才能获得更高的能被自己感知到的就业质量,比如优厚的工资薪酬、稳定的工作环境、较大的工作平台、能参与可以充分发挥专业特长的工作项目等等,个人的高期望就业质量才能被更好满足。

二、就业质量传递差距管理

就业质量传递差距是就业质量在生产和传递时呈现的质量水平,和大学生期望的质量水平不一致所产生的差距。从大学生自我认同的角度来看,造成这一差距的主要原因是大学生对自我角色理解存在偏差,无法按照社会角色要求扮演好自身角色。对就业质量传递差距进行管理,需要大学生恰当扮演角色、充分发挥主体性、及早获得就业承诺。

(一)恰当扮演显著性角色

在就业质量提供给大学生的过程中,有时组织或行业传递的质量标准与大学生的理解会存在偏差,其中部分原因在于大学生对自身角色的认知与社会赋予其角色的图式不一致。社会对某一角色的擘画,往往体现了国家意志、社会文化和大众态度。大学生角色认知不一致,一方面是其刻画的角色形象违背了社会规范和伦理道德标准,缺少群体意识甚或发生价值冲突;另一方面是大学生不能很好地适应就业所在组织的经营体制,体现在对组织文化、机构设置、职责分工、规章制度的不理解,不能很好地将自己代入角色。恰当地扮演显著性角色,是大学生个体通过自我体验、反思感悟、与他人比较、社会实践等方式,来认识自己在特定情境中的权利、义务和行为模式的过程。首先,大学生对于所获得角色的体察。大学生所肩负的角色是多种多样的,有先赋性角色和后致性角色,有自觉角色和不自觉角色,有规定角色和开放角色,等等。大学生在就业质量生成过程中,要学会习惯性反思自己所承担的角色,及承担角色时所持的不同心理状态、规范化程度和追求的目标。特别是对那些先赋性角色、非规范性角色和开放性角色的体察,避免因个人忽视而导致角色无意识出现。其次,大学生要确认显著性角色。在就业质量生成的不同阶段,大学生的显著性角色是不同的,因此要加深对角色的理解,避免角色模糊。在前面调研中发现,无论是准备阶段、求职阶段,还是正式就业阶段,大学生自我确认的显著性角色都是学生角色,这一认知是违背实践常识的。大学生要在清楚社会期望的基础上理解角色,无论是通过正式沟通(参加组织培训等)还是非正式沟通(和同事、客户的闲聊等),都应加强对社会角色和相应行为方式的习得,以便更好地理解组织文化和规章制度。再次,要学会解决角色冲突。大学生身负多种角色,需要注意个体内部不同角色间的协调;同时,在就业质量生成场域中,大学生和其他利益相关者之间是一组相互依存的角色,要注重人与人之间的关系[1],选择最为关键的角色进行扮演,避免角色冲突。当发生角色冲突时,大学生应遵循集体利益高于个人利益、规范性高于非规范性的排序原则。

(二)积极发挥主体性

在就业质量生成过程中,尤其是质量提升时,大学生内在驱动力的激发尤其重要。而内在驱动力的唤醒,则依赖于大学生主体性的发挥。在特定社会结构中,大学生都有着各自的生活空间和生活轨迹。"主体性"的存在,会让大学生意识到自我独立于他者而存在,并承担起有别于社会生活中其他个体的责任。"主体性"的发挥,会让大学生清楚地勾勒描绘自我画像和为自己准确贴上身份标签,明晰身份标签所代表的意义及其个性化特征。大学生的主体性在其探索就业道

---

[1] 郑杭生:《社会概论新修》,中国人民大学出版社1999年版,第142页。

路与累积生活经验中不断被激发,让其不断确认要成为怎样的自己,不断确认自己期望获得怎样的就业质量,不断确认为了获得更高就业质量自己应该如何重构自我,在自我重构中实现自我完善与发展,同时推动组织、社会的发展,这才是提升就业质量的真正意义。

在就业质量生成过程中,大学生"自我"的觉醒,意味着大学生主体性,特别是"人本性"主体性得到了尊重和发展。大学生的主体性,根本在于"我"的独立存在。大学生对于"我是谁"的确认与反思,是就业质量自我定义、生产和评价的关键性依据,也是就业质量个性化差异的主要原因。在就业质量生成情境中,大学生往往是按社会价值取向来认识和建构自我,是按被赋予的责任和义务、所应遵守的道德与法规、所应达到的素质标准和水平等来规划发展和职业选择,缺少自我的"发声"。大学生内在的成就动机、价值取向、发展目标等问题,没有被其注意与重视。大学生主体性建构,要求大学生在思想上、实践上,成为一个主动的、自主的、有创造性和行动力的人。大学生要主动深入地进行自我反思和实践,对影响大学生就业质量的社会规约也要明确是如何投射到自身的,要对"理想自我"与"现实自我"进行整合并加以确认。大学生就业质量生成中的合理自我认同,能够调动大学生的主观能动性,有效激发大学生的内生动力,提高大学生的创造力和行动力。

(三)及早获得就业承诺

大学生愿意在就业质量生产中投入多少,很大程度上在于他对未来的确定程度,即是否有就业承诺。不论是自我探索得来的承诺,还是借鉴他人的建议做出的承诺,就业承诺越确定,就越能激发个体的内在驱动力,就越会带来高水平的就业质量。而这份就业承诺,实质就是大学生对所承担的就业角色的确认和扮演,大学生明确地知道自己应该承担怎样的责任,并知道如何履行责任。研究中发现,不少大学生对于未来职业方向是迷茫的,他们没有明确的就业承诺。就业承诺的缺失,导致有的大学生像无头苍蝇一样,在海量就业信息中漫无目的地投递简历,没有目标的广撒网带来的只是高付出(时间、精力、期待)和低收益(没有面试、没有工作机会、没有工作回报),获得低就业质量,要么干脆找不到工作,要么对找到的工作不满意;就业承诺的缺失,也会导致有的大学生很难描述自己想要一份什么样的工作,期望就业质量难以被界定,也没有内生动力去开展就业行动,无法促成感知就业质量的生成。总而言之,消极的态度和行动导致低就业质量。

大学生要及早获得就业承诺,一是要提高认识。大学生要清楚地意识到就业承诺的重要性,要明白做好职业规划、确定职业锚对自己人生的重要意义,从思想根源上解决提升就业质量的目标和动力问题。二是要积极借力。大学生可以通过自我探索，明确自我职业生涯发展目标，确定就业质量的内涵和生成方案，也要会借助他人力量帮助自己及早获得就业承诺。大学生可以征询他人期望，从父母、老师、同伴等处得到建议，或者借鉴职场榜样人物的经验，去定义就业质量和确定行动方案，最终生成就业质量。三是要及早承诺。在明白就业承诺对于获得高质量就业的重要性后，大学生还要清楚，就业承诺越早做出，好的就业质量就越容易获得。因为留给大学生为了实现目标去努力的时间相对来说更为充分，目标实现的概率自然也会增大。当然，要用动态发展的眼光来看待自己和社会，大学生做出就业承诺的内容，是在当前发展阶段他对想要从事何种工作的肯定答复，并不能代表其未来十年或更长时期的就业意愿，因此就业承诺具有很强的阶段性。

三、感知质量差距管理

造成感知质量差距的原因是大学生感知到的就业质量与其期望的就业质量不一致。当感知就业质量低于期望就业质量，特别是低于应当期望就业质量(大学生心里可接受的就业质量的最低标准)时，大学生会感到不满意，产生难过、失望或愤怒等情绪，对就业质量做出差的评价。造成这一差距实际上是前两个差距之和。为避免这种差距出现或扩大，除上述策略外，大学生还可以通过提高职业认同度、提升工作"表现"能力、取得职业适应和发展等策略来调整、优化自我对就业质量的感知。

(一)提高职业认同

职业认同在大学生就业质量生成中起到外部调节的作用，强调的是大学生与社会的互动。要想提高职业认同，首先大学生要确定职业锚。职业锚是大学生的职业观，影响着大学生对所提供的就业质量的感受和体验。职业锚的确定，关键于合理自我评估、职业实践探索和持续的职业反馈，职业认同度不高的大学生主要是缺乏后两者。大学生要多参加实践锻炼，在实际工作中检验自己的兴趣爱好、工作能力，要经常回顾自己的职业选择和经历，从中总结出共性特征，从而明白哪些职业价值观对自己很重要，继而确定自己的职业锚。其次大学生要理性看待"强关系"塑造职业认同。大学生职业认同的内容和程度很大程度上取决于强关系者的"口碑"传播，即大学生的父母等亲属、用人单位同事这些属于大学生社会交往强关系的人对职业的看法和态度会决定大学生对职业的看法和态度。对此,大学生一方面要理性分辨强关系者职业认知的合理性,要有一定的主见,不能"人云亦云",要能够辨别自我意识与强关系人群意识的区别,能够较好地协调二者之间的关系;另一方面要学会向强关系者借力,主动与强关系者沟通交流,听取他们对于职业的看法,获得他们对于职业发展的建议和指导。再次就业价值观从"小我"走向"大我"。大学生在评价就业质量时,要实行多元价值评判,既要看到个人低层次需求的满足,也要追求爱与归属、尊重、自我价值实现等高层次需求的实现;既要看到工作特征对自我需求的满足程度,更要关心个人就业对他人、社会、国家的贡献,在个人价值实现的同时满足父母的期望和国家时代的期盼。

(二)提升工作"表现"能力

影响大学生就业满意的关键还在于其就业角色扮演是否得到自我和他人的认可。在工作中,"被认可"实则是大学生的能力和行动能够胜任角色要求并为组织创造价值。根据福尔摩斯"实践—认同"表现模型,大学生在实践中的能力"表现"远比在校时的高分成绩单和一摞摞能力证书要更为有用,所以大学生要提升工作"表现"能力。在提升"表现"能力之前,大学生首先要了解自己所具备的能力。如果大学生都不清楚自己具备何种能力,何谈施展能力,又怎能期待雇佣方凭空观察,并给予评价和回报呢?其次,大学生要"会表现"。基于自我认同的职业能力论,是和传统的职业能力的技能议程相区别的。这也让我们进一步思考:什么叫作"会表现"?怎么培养"会表现"?用人单位招聘中经常以"寻找同道中人"来表达招聘期望,希望招聘的人才具有踏实、阳光、进取、自信、热情等人格特质,他们认为持这些品质的大学生往往在工作中会具有完美的表现,能够胜任相关工作。所以,大学生要注重自我人格的完善,而不仅仅是重视传统的技能培训。从大学生自我认同理论看来,传统技能范畴中的各种职业技能只是智能的组成部分,而职业能力评价体系是由价值观、智能、表现和参与这四个方面共同构成的。只有从这四个方面去着力提升自我,大学生才能获得高的职业认可,获得较好的就业体验和感受,感知就业质量才会高。

(三)职业适应和发展

能够适应并得到发展,是大学生在就业实践中希望获得的积极体验。大学生要想尽快适应职业,就要尽早完成身份转换和角色调整。在调研中发现,大学生最希望得到认可的身份是职业人的身份,然而在就业不同阶段,大学生唤醒最多的身份却是学历身份。学历身份虽然在求职阶段能够帮助大学生获得工作,但在就业实践中,也会成为大学生思想和行动上的禁锢。踏上工作岗位后,相比于所拥有的学历,大学生能够胜任岗位并做出业绩才是关键。况且,进入职场后大学生若仍将自己的显著性角色设定为学习者,这显然也不符合职场期望。所以,大学生以职业人的身份,在工作中更多扮演责任担当者、团队合作者、建设参与者等角色更为重要。要适应职场,大学生还要保持持续学习。在就业实践中,大学生可以通过自主阅读、参加培训和行业会议等渠道不断学习新的知识和技能,不断培养和提高自我解决问题的能力与创新能力,调整自己的思维、情感和行为,以适应不断变化的工作环境。就职业发展而言,一方面,大学生对于自己的职业发展要有明确的职业目标和清晰的规划。大学生对行业、组织进行更加全面的观察了解以确定自己的职业目标,对照目标列明需要提升的方面并制定具体行动计划,根据行动结果反馈调整优化职业发展目标和路径。另一方面,大学生要将职业发展情况纳入对就业质量的感知评价,避免出现感知就业质量"唯工资论"等单一的评价。

<table>
<tr><td>第三节</td><td>大学生就业质量提升外部策略</td></tr>
</table>

对于如何弥合大学生感知就业质量和期望就业质量之间的差距,提升大学生实际就业质量,国家、用人单位、家庭和高校作为大学生就业质量生成场域中的行动者,在环境构建、政策支持、机制保障等方面提供外部支持。

一、调整管理者认知偏差

大学生就业质量定义认知差距的产生,部分原因在于管理者对大学生就业质量需求的错误认知,即管理者未能很好地理解和提供大学生所需的就业质量。为解决该问题,管理者应从思想上重视,行动上落实,关键是要培养大学生的主体性,方能够听到大学生的自主发声。

(一)加强大学生就业质量需求研判

管理者的认知和决策对大学生就业质量至关重要。作为管理者,首先要重视大学生就业质量需求。管理者要充分认识到就业质量提升的关键在于摸清摸准大学生就业质量需求,这样才能给大学生提供满意的就业质量。管理者也要意识到,不能以一套就业质量生产系统、一套就业质量标准去满足不同的大学生,不能以管理者的主观想象来代替大学生的需求。不论是政策的制定者,还是具体业务的执行者,大家都要秉持质量至上的目标,将对大学生就业质量需求的重视体现在工作的方方面面。其次,要加强调研和研判,准确分析大学生就业质量需求。管理者可以开展大学生就业质量需求专题调研,通过个别谈话或座谈会、问卷调查、电话邮件等不同方式了解大学生显性需求,对大学生的就业选择、就业行为、职业发展状况和就业满意度等进行跟踪回访,在交流和观察中深入探究大学生隐性需求,综合研判后总结大学生对于就业质量的真实想法,真正理解他们的需求。有条件的管理者可以建立大学生就业质量需求档案,做到一人一档一策。再次,提高沟通效率,管理者在调研和沟通时,要减少和大学生之间的沟通层级,以利于缩小认知差距。做决策的管理者可以通过直接沟通、面对面沟通等方式直接倾听"未经加工"的大学生诉求。要优化调研方案,采用合适的分析方法来提高研判的科学性、准确性,有效性。减少不同组织机构的重复调研,避免大学生产生厌烦情绪,降低答题配合度、精准度,尝试建立调研数据信息库来共享信息。在调研结束后,将调研分析报告交由大学生核对确认,减少理解性偏差。

(二)合理制定大学生就业质量标准

产生就业质量定义认知差距的原因之一是管理者和大学生对于就业质量标准的理解不一致。制定就业质量标准,可以使大学生、管理者明白希望获得或提供什么样的就业质量,就业质量应该具有可获得性、可测量性、全面性、发展性。合理制定就业质量标准,要基于科学准确的大学生就业质量需求分析,同时也要充分听取组织内相关部门和直接提供就业质量人员的意见,如政府的人社部门或组织内的人事部门、劳动者工作所在单位和具体部门、劳动者服务的行业或上下游组织等,了解大学生就业质量需求满足的可行性。制定的就业质量标准可能是不完美的,需要制定者定期或不定期地进行检查和调整。制定标准时,要注意柔性和刚性相结合,对于一些就业质量的基本功能、原则必须要严格、明确,但又不能太过于详细、琐碎,要留有一定的空间,如就业质量的结构、各结构要素的比例等可保持必要的灵活性,这样制定的标准才能尽可能得到更多大学生的认可,同时也得到管理者、执行者的认可。为保障制定的标准能被有效执行,还需要质量标准检查监督部门和相关制度在管理上形成闭环。

二、营造良好就业环境

(一)建设良好就业环境

大学生自我认同有很强的社会规制的成分和结果,大学生高质量就业也有应然之貌。大学生自我认同的高就业质量,不仅要符合大学生自我期待,更要符合国家、社会和民族的期待。一是国家、地方要出台并完善就业政策,从政策层面保障大学生基本就业权益。在工资薪酬、社会保障等方面出台相应标准,规定最低保障水平;督导用人单位营造良好的工作环境,提供安全的工作场所;规范就业市场秩序,完善相关管理体系,保护好就业者的合法权益,让市场更有效地发挥资源配置作用,提高大学生就业成功率。二是开拓就业市场,保障就业机会。当前我国经济已进入高质量发展转型期,加上受国际形势影响,经济增速放慢。根据奥肯定律,在经济增速放慢的情况下大学生就业率会降低。面对逐年扩大的高校毕业生规模,提供充足的就业机会、保障大学生就业获得感是提升就业质量的基础。通过就业补贴等方式鼓励民营企业扩大吸纳大学毕业生,进一步增加科研助理、"三支一扶"等政策性岗位,扩大专升本、研究生、第二学士学位等招生计划来保障和增加大学生就业机会。三是引导大学生到祖国需要的地方就业。近年来,大学生就业难一直是个突出的社会问题,主要原因之一是存在就业结构性矛盾。大学生就业难,不是难在找不到工作,而是大学生找不到自己满意的工作,即使勉强找到一份工作,就业满意度也不高。大学生不满意之处,主要在于大学生认为某些工作岗位特征不能彰显其身份和地位,比如酒店管理专业本科毕业生不愿意从事酒店前台的工作,食品专业本科生不愿意去生产型企业干流水线上的工作。造成这种现象的原因主要在于大学生的就业观念。我国高等教育已经进入普及化阶段,但大学生的"精英"身份意识还未转变,所以只能先从就业政策上引导大学生合理认识自我,尽快转变身份观念。通过"三支一扶"、征兵入伍等就业政策,设立县乡机关选调生、大学生村官等就业项目,设定要有若干年基层工作经历等选拔机制,来鼓励和引导大学生放下身段,投身基层工作,支持大学生从经济发达地区到欠发达地区服务,或者返乡就业,在祖国最需要的地区、行业、领域中建功立业,实现就业质量个体价值和社会价值的双提高。

(二)营造良好就业文化氛围

就业文化通过影响大学生自我认同和各认同要素来影响大学生的就业质量,让大学生在良好的就业文化氛围中受熏陶和成长。营造良好就业文化氛围,一是大力弘扬劳动精神。社会上下要树立"劳动最光荣"的观念,营造尊重劳动的良好风气,倡导凡是合法的和为社会增加价值的劳动,不论是简单劳动还是复杂劳动、体力劳动还是脑力劳动,都是平等且光荣的,都是社会发展不可或缺的推动力量;要以马克思主义劳动观为指导,坚持全员、全方位、全过程设计和加强劳动教育,教育大学生树立正确的劳动观点和劳动态度,引导大学生积极主动地投身就业岗位,压制"懒就业""怕就业"等不良之势;要教导大学生热爱劳动,在工作中能够干一行钻一行爱一行,勇于挑战、乐于创新、善于团结,在提高劳动技能的同时养成良好的劳动素质,为国家做出更大贡献。二是对职业的开放性包容。整个社会要合理看待职业,形成正确的职业观、价值观。充分认识到职业的时代性、多样性和发展性,支持和鼓励大学生参与新业态就业,摒除城乡、地区就业市场分割带来的不公平及身份歧视,对正规就业劳动者和非正规就业劳动者能做到一视同仁,通过树立榜样、发挥劳模作用,让全社会形成共识,在党的领导下,祖国的繁荣昌盛和时代的发展奋进,离不开国家各行各业、各条战线上劳动人民的齐心协力和倾情奉献。三是树立科学的用人导向。当前社会上普遍存在用人功利化的现象。主要表现在：一方面是用人单位唯学历论。部分用人单位，尤其是一些政府机关事业单位和规上企业，不论岗位性质，在人才招聘时一味强调学历，或者规定毕业院校非985、211不可，只有达到一定学历、院校要求的大学生才有获得投递简历和面试的机会。如某街道招聘办事人员需要博士学位，某单位招聘保卫队员需要本科学历，等等。这样一来，低学历大学生无业可就，从源头上就剥夺了部分学生高质量就业的机会，同时变相引导学生"重学历"而"轻能力"，盲目考研考公而忽视实践能力的培养提高，长此以往，会造成整个社会人才结构配置的畸形，出现过度教育的局面。另一方面是用人单位过于追求当下实际效益，人才培养和储备意识不足。用人单位希望招聘到岗员工能马上上手开展工作，为组织创造价值利益，尽可能缩短培训和人岗适应的时间。这对于应届大学生来说，一直在学校象牙塔中的他们没有充分锻炼过就直接面临企业高强度的业绩要求，要迅速从学生身份转变为职业人的身份。再优秀的大学生如果不能适应这种转变，那他们的就业体验就会差，就业质量也会降低。为此，用人单位要充分意识到组织担负的人才培养的社会责任，投入一定的时间精力成本开展员工培训，尽快让新员工熟悉工作内容和职责，了解组织文化和愿景，提供可锻炼就业"表现"能力的平台和项目；用人单位需要科学编制人才发展规划，能够站在员工角度考虑职业发展前景和畅通发展通道，增加大学生就业者的稳定感和目标感，从而提升其就业质量。

（三）教育引导大学生树立正确的就业价值观

从已有研究中可知，就业价值观对大学生就业意愿、就业选择、就业行为都有直接影响，并作为中介变量影响大学生就业质量。通过就业质量自我认同机制的研究，我们发现在被启动的身份中，被大学生率先意识到且对个体认知、情绪、行为起到重要主导作用的身份为显著性身份。至于何种身份能成为大学生个体就业情境中的显著性身份，则是由大学生按照所持有的价值观来排序和决定的。在所扮演的各种角色中，大学生遵循某种价值判断有选择性地进行角色扮演，呈现在生活舞台上的"自我"也是带着个体某种价值诉求，期望别人按个体所扮演的那样去理解自己。当大学生自己拟定的角色脚本与社会规制不一致时，则会产生角色冲突，大学生的动力和绩效都会下降，并伴有消极情绪和行为。因此，以"立德树人"为己任的高校要重视大学生就业价值观的培养。大学生就业价值观教育关键要做到：一是要有国家性、民族性。要教育大学生树立系统观思维，认识到自身是国家、民族的一分子，认清自己在社会结构中所处的位置，理解个人与结构中其他要素的关系。大学生在进行就业质量定义时，对就业效价大小的评估要有国家立场、民族立场,不能局限于个人立场,要明确只有结合国家、民族利益与个人利益的工作效价才是最高效价,国家利益、民族利益大于个人利益,引导大学生树立正确的择业观。二是要有时代性。不同时代赋予大学生不同的历史使命。要教育大学生充分理解时代精神,认识时代责任,明确时代发展所需的人才特质,让大学生认清社会真实面貌,从而给自己正确的身份定位、角色定位、职业定位。三是要有发展性。价值观的树立并非一朝一夕之事,高校的职业生涯规划与就业指导课程不仅要立足于毕业季大学生求职技能的教授,更要充分发挥课程思政、实践育人的教育功能,教会大学生用发展的眼光看待这个时代、国家和自己,从入学伊始就要着手核心价值塑造和价值实践,在学业规划、职业规划中体现社会主义核心价值观,争取早日获得对于未来自我的合规性、确定性的"承诺"。四是要有系统性。大学生就业价值观的教育和引导,要用系统性思维构建全方位、全程的教育体系。从内容上看,不仅要包含职业道德教育、就业价值观教育、廉洁从业教育等这些和就业直接相关的价值观教育,还要包括社会道德与法治教育、社会主义核心价值观教育等基本的公序良俗教育;在教育载体和教育模式上,要充分挖掘课程思政的育人作用,要将就业教育,特别是就业价值观、大学生自我认同教育融入人才培养目标中,确定具体的可达成路径,开展具体的教学实践,并纳入学生素质评价或课程考评体系。

三、完善社会支持系统

大学生自我认同包括个人认同和社会认同。大学生所处社会结构中的重要他人通过影响大学生个人认同和社会认同来影响大学生就业质量定义与生成,提升大学生就业质量,要发挥重要他人正向支撑作用。

(一)加强家校协同

如今各界对于家庭教育的作用越来越重视,实施家校共育已达成共识。同样,在就业教育和大学生就业质量提升中,也要重视家校协同。做就业工作,不仅是做大学生个人的工作,有时更是做一个家庭的工作。家庭不仅为大学生提供就业社会资本,父母的"放养式"教养方式能培养大学生的主见性,主见性能够更好地发挥大学生主体性,对于大学生高就业质量有显著正向影响。满足父母的期望,更是大学生就业选择的重要依据,是大学生努力追求高就业质量的动力。所以,高校要和家庭就大学生就业问题加强沟通,从了解大学生的成长环境入手,到了解父母对大学生的教养方式和就业期望,共同助力大学生提升就业质量。当学校和家庭对大学生就业期望相悖时,特别是涉及就业价值观时,学校要介绍就业政策和就业形势,努力引导将家长期望与学校期望达成一致。这也为近年来高校就业工作中遇到部分家长不理解和家庭阻力提供解决思路。

(二)选择合适的就业导师

由教师和学生构成的团体是流动性团体,具有相对的不稳定性。现实生活中,大学生和教师之间的关联是较为松散的、变化的,大学生接触到的大多数教师都是专业课教师,而专业课教师按教学计划授课,往往是一学期课上完了又换了另一批老师。教师和学生之间缺少长期和深入的情感链接。教师对大学生的影响,特别是在就业选择这种事关人生发展的重大决策上的影响是相对较弱的。某些高校会将本专科学生的就业指导工作分给毕业论文(设计)指导老师,将研究生的就业指导工作分给其导师。部分教师会认为自己也只是众多任课教师中的一员,不理解为何要负责所带毕业论文(设计)学生的就业指导工作;部分教师则会有指导无力感,不知道怎么开展就业指导工作,或认为就业本是大学生个人的事,就业的好与坏要看大学生自己的选择和努力情况,要尊重学生,不应影响或干涉。所以教师对大学生就业较少有期望,如果有,也是希望学生幸福、健康之类相对笼统的期望,鲜少给到学生个性化职业发展和就业建议。所以,从稳定性、长期性、专业性的角度考虑,高校在全员就业工作体系构建时,可以吸纳毕业论文(设计)指导老师等专业教师,但还是要倚重和学生联系较多较为紧密的辅导员。要加强辅导员就业工作能力培训,让辅导员的专业化、职业化、专家化的就业指导为大学生高质量就业助力。

(三)发挥大学生朋辈影响力

虽然在研究中发现,在就业情境中,大学生很少对身边的同学提出就业期望,同学之间更多扮演的是一种陪伴和倾听的角色。他们遇到困难问题时,首先想到的也多是向同伴倾诉和寻求帮助,对家长和教师则多是"报喜不报忧"的心态。但是,我们也应该看到,因为同样的生活场景和时代背景,他们所面临的就业选择和就业历程都是相似的,所以同学的榜样激励、经验分享对于在追求高就业质量道路上的大学生来说,还是具有一定影响力的。所以,要在大学生之间营造良好的朋辈互助的氛围,号召大学生相互学习,及时肯定那些乐于分享和帮助同学的大学生;组建就业朋辈小组,开展就业朋辈小组成员培训,总结表彰就业先进典型人物和事迹,激发朋辈的力量来共同助推大学生高质量就业。

本章从大学生就业质量的形成入手,指出大学生在感知就业质量和期望就业质量之间存在就业质量定义认知差距、就业质量传递差距和感知质量差距。要弥合上述三种差距,大学生就要相应做好就业质量定义认知差距管理、就业质量传递差距管理和感知质量差距管理。为保障大学生就业质量提升内部策略的顺利实施,还需要一定的外部支持,包括调整管理者认知偏差、营造良好就业环境、完善社会支持系统等。

参考文献

专著和学位论文

[1] 麦可思研究院. 就业蓝皮书:2019 中国大学生就业报告[M]. 北京:社会科学文献出版社,2019.

[2] 安东尼·吉登斯. 现代性与自我认同:晚期现代中的自我与社会[M]. 赵旭东,方文,译. 北京:新知三联书店,1998.

[3] 布尔迪厄,华康德. 实践与反思:反思社会学导引[M]. 李猛,李康,译. 北京:商务印书馆,2015.

[4] 高宣扬. 布迪厄的社会理论[M]. 上海:同济大学出版社,2004.

[5] 戴维·斯沃茨. 文化与权力:布尔迪厄的社会学[M]. 陶东风,译. 上海:上海译文出版社,2012.

[6] 包亚明. 文化资本与社会资本炼金术:布尔迪厄访谈录[M]. 上海:上海人民出版社,1997.

[7] 刘拥华. 布迪厄的终生问题[M]. 上海:上海三联书店,2009.

[8] 宫留记. 布迪厄的实践理论[M]. 开封:河南大学出版社,2009.

[9] 苏国勋,刘小枫. 社会理论的政治分化[M]. 上海:上海三联书店,2005.

[10] 林勇. 劳动社会学[M]. 北京:中国劳动社会保障出版社,2006.

[11] 谭永生,李爽. 新形势下我国就业问题研究[M]. 北京:中国计划出版社,2015.

[12] 李永飞. 服务供应链质量协调理论和模型研究[M]. 北京:科学出版社,2018.

[13] 刘欣. 项目管理基础[M]. 上海:上海社会科学院出版社,2015.

[14] 亚伯拉罕·马斯洛. 动机与人格[M]. 许金声,等译. 第 3 版. 北京:中国人民大学出版社,2007.

[15] 赖德胜.中国劳动力市场报告:包容性增长背景下的就业质量[M].北京:北京师范大学出版社,2011.

[16] 李平.地方政府发展研究(第三辑)[M].汕头:汕头大学出版社,2008.

[17] 休谟.人性论[M].北京:商务印书馆,1983.

[18] 查尔斯·泰勒.自我的根源:现代认同的形成[M].韩震,王成兵,乔春霞,等译.南京:译林出版社,2001.

[19] 罗钢,刘象愚.文化研究读本[M].北京:中国社会科学出版社,2000.

[20] JERRY M. Berger.人格心理学[M].陈会昌,译.北京:中国轻工业出版社,2014.

[21] DAVID R. SHAFFER,KATHERINE KIPP.发展心理学:儿童与青少年[M].邹泓,等译.第9版.北京:中国轻工业出版社,2018.

[22] 刘宣文.学校发展性辅导[M].北京:人民教育出版社,2004.

[23] 黄希庭.简明心理学词典[M].合肥:安徽人民出版社,2004.

[24] 施恩.职业的有效管理[M].上海:三联书店,1995.

[25] 欧文·戈夫曼.日常生活中的自我呈现[M].黄爱华,冯钢,译.杭州:浙江人民出版社,1989.

[26] 刘世峰.高校毕业生就业质量评价体系研究[D].武汉:华中师范大学,2013.

[27] 肖琳.提升新生代农民工就业质量的实证研究[D].北京:首都经济贸易大学,2013.

[28] 张勉.城市贫困群体的就业质量研究[D].武汉:华中科技大学,2006.

[29] 郭琦.劳动者福祉视角下的大学毕业生就业质量研究[D].大连:东北财经大学,2016.

[30] 高兴艺.就业质量测度及其对就业数量影响的实证研究:1990—2009[D].济南:山东大学,2012.

[31] 张淼.大学生就业质量评价指标开发及其实证检验[D].西安:西北工业大学,2017.

[32] 李菲菲.我国大学生就业质量研究:以青岛某高校为例[D].青岛:青岛大学,2012.

[33] 郭金山.同一性的自我追求[D].吉林:吉林大学,2002.

[34] 周永康.大学生角色认同实证研究[D].重庆:西南大学,2008.

[35] 王敏.专业认同与职业认同对社工硕士毕业生就业选择的影响:以B市S大学六届社会工作硕士毕业生为例[D].北京:首都经济贸易大学,2018.

[36] 刘晓甜.社会工作专业硕士学生的专业认同状况及其影响因素研究:以S大学为例[D].济南:山东大学,2013.

[37] 李明.H大学研究生专业认同影响因素实证探究[D].上海:华东师范大学,2011.

[38] 毛兴永.高师生的专业认同及其与职业决策困难的关系研究[D].重庆:重庆师范大学,2014.

期刊

[1] 李文文.我国高校毕业生就业政策变迁的历史逻辑与应然走向:基于"间断—平衡"理论的视角[J].中国高教研究,2020(12).

[2] 赵中建.高等教育全面质量管理的概念框架[J].外国教育资料,1997(5).

[3] 刘扬.大学专业与工作匹配研究:基于大学毕业生就业调查的实证分析[J].清华大学教育研究,2010(6).

[4] 蒋承,范皑皑,张恬.大学生就业预期匹配程度研究:以北京市为例[J].高等教育研究,2014(3).

[5] 柯羽.高校毕业生就业质量评价指标体系的构建[J].中国高教研究,2007(7).

[6] 杨河清,李佳.大学毕业生就业质量的实证分析[J].中国劳动,2007(12).

[7] 秦建国.大学生就业质量评价体系探析[J].中国青年研究,2007(3).

[8] 涂晓明.大学毕业生就业满意度影响因素的实证研究[J].高教探索,2007(2).

[9] 张绘.混合研究方法的形成、研究设计与应用价值:对"第三种教育研究范式"的探析[J].复旦教育论坛,2012,10(5).

[10] 张少华.国内就业质量研究综述[J].中小企业管理与科技,2016(2).

[11] 左祥琦.女性在就业中的不公正待遇[J].首都经济杂志,2002(10).

[12] 周志微,童欣.我国大学生就业质量研究综述[J].理论前沿,2014(24).

[13] 郭琦.森的可行能力理论框架下的就业质量研究:中国大学毕业生调查数据的比较分析[J].云南财经大学学报,2015,31(6).

[14] 程蹊,尹宁波.浅析农民工的就业质量与权益保护[J].农业经济,2003(11).

[15] 刘新华,杨艳.家庭社会资本与大学生差序就业[J].教育学术月刊,2013(5).

[16] 刘素华.就业质量:概念、内容及其对就业数量的影响[J].人口与计划生育,

2005(7).

[17] 李军峰.就业质量的性别比较分析[J].市场与人口分析,2003(6).

[18] 姚艳虹,张晶.情绪智力对大学生就业质量影响的实证研究[J].现代大学教育,2010(6).

[19] 马庆发.提升就业质量:职业教育发展的新视角[J].教育与职业,2009(12).

[20] 刘素华.建立我国就业质量量化评价体系的步骤与方法[J].人口与经济,2005(6).

[21] 钟秋明,刘克利.高校毕业生就业观影响就业质量的实证研究[J].高教探索,2015(3).

[22] 黄敬宝.人力资本、社会资本对大学生就业质量的影响[J].北京社会科学,2012(3).

[23] 代锋,吴克明.社会资本对大学生就业质量的利弊影响探析[J].教育科学,2009(3).

[24] 李金林,应伟清,吴巨慧.构建高校就业质量科学评价体系的探索[J].现代教育科学,2005(3).

[25] 柯羽.大学毕业生就业质量现状调查及趋势分析:以浙江省为例[J].黑龙江高教研究,2010(7).

[26] 张瑶祥.基于三方满意度的高校毕业生就业质量评价研究[J].中国高教研究,2013(5).

[27] 赖德胜,石丹淅.我国就业质量状况研究:基于问卷数据的分析[J].中国经济问题,2013(5).

[28] 赵君,李焰,李祚.叙事取向团体辅导对大学生自我认同的干预研究[J].心理科学,2012,35(3).

[29] 张文喜.马克思的自我认同观与现时代[J].浙江社会科学,2000(5).

[30] 姚上海,罗高峰.结构化理论视角下的自我认同研究[J].理论月刊,2011(3).

[31] 高一虹,周燕.英语学习与学习者的认同发展:五所高校基础阶段跟踪研究[J].外语教学,2008(6).

[32] 杨荣华,陈中永.大学生现实—理想差异与自我效能、自我实现、自我认同及心理症状的关系[J].中国临床心理学杂志,2010,18(4).

[33] 敖洁,邓治文,岳丽英.大学生自我认同的状况与特征研究[J].教育研究与实验,2009(3).

[34] 吕梦醒,刘魁.基于实证视角的当代大学生自我认同培育策略探析[J].江苏高教,2015(5).

[35] 曹洪军.欧美就业能力研究的新进展:大学毕业生认同理论[J].江苏高教,2016(4).

[36] 王娟.基于自我认同的师范院校女大学生就业分析[J].商,2014(25).

[37] 高艳,乔志宏,武晓伟.基于职业认同和心理资本的大学生就业能力提升实证研究[J].高教探索,2017(3).

[38] 高艳,乔志宏,宋慧婷.职业认同研究现状与展望[J].北京师范大学学报(社会科学版),2011(4).

[39] 余秀兰.认同与容忍:女大学生就业歧视的再生与强化[J].高等教育研究,2011,32(9).

[40] 卢杰锋.就业中的性别认同歧视:美国经验及启示[J].妇女研究论丛,2016(4).

[41] 涂亦戚.社会职业认同对大学生就业取向的影响[J].高教发展与评估,2014,30(9).

[42] 岳德军,田远.职业认同对大学毕业生就业影响的实证分析[J].国家教育行政学院学报,2015(6).

[43] 岳昌君.中国高校毕业生就业满意度的影响因素分析[J].北京大学教育评论,2013,11(2).

[44] 安秋玲.青少年自我同一性发展研究[J].心理科学,2007(4).

[45] 胡薇.累积的异质性:生命历程视角下的老年人分化[J].社会,2009(2).

[46] 沃野.结构主义及其方法论[J].学术研究,1996(12).

[47] 迟毓凯,莫雷,管延华,等.时间因素对空间维度非线索更新的影响[J].心理与行为研究,2004,2(1).

[48] 文军,殷照玲.共时性研究:寻求人类社会文化的共通性[J].社会观察,2009(12).

[49] 马永霞,马立红.新中国成立70年我国高校毕业生就业匹配的发展研究[J].北京教育(高教),2019(10).

[50] 周成海,孙启林.教师专业发展范式转移的基本范式[J].中国教育学刊,2009(6).

[51] 杨小微.教育理论工作者的实践立场及其表现[J].教育研究与试验,2006(4).

［52］程良宏.教师专业发展的路径及其超越:基于理论逻辑和实践逻辑的思考
[J].教育发展研究,2011(2).

［53］石长慧.我是谁?:流动少年的多元身份认同[J].青年研究,2010(1).

［54］张莹瑞,佐斌.社会认同理论及其发展[J].心理科学进展,2006(3).

［55］高艳,乔志宏.大学生就业能力结构及其内部关系:质的研究[J].中国青年
研究,2016(11).

［56］乔志宏,王爽,谢冰清,等.大学生就业能力的结构及其对就业结果的影响
[J].心理发展与教育,2011(3).

［57］李荣,申洪桥,张瑞芹,等.护理本科生职业生涯规划与专业认同的关系[J].
中国高等医学教育,2011(7).

［58］林诚彦.专业认同影响从业意愿路径的实证分析:以社会工作专业为例[J].
高校探索,2013(3)

［59］韩玉志.美国大学生满意度调查方法评价[J].比较教育研究,2006(6).

［60］王纾.研究型大学学生学习性投入对学习收获的影响机制研究:基于2009
年"中国大学生学情调查"的数据分析[J].清华大学教育研究,2011,32(4).

［61］刘静,张天雪.大学生就业结构的关联模型、矛盾形态与破解路径[J].黑龙
江高教研究,2021,39(5).

［62］邹铁钉.延迟退休的财政与就业影响力及动态研究方法评价[J].河南社会
科学,2020,30(7).

［63］罗德明.就业率还是就业质量? ——对浙江高校毕业生的满意度调查[J].
浙江社会科学,2019(8).

后　记

　　大学生自我认同与就业质量的发展现状,让我们看到在社会高质量发展、人们追求更为美好生活的道路上,提高大学生自我认同与就业质量的意义、价值。根据对大学生就业质量自我认同机制的探析结果,我们可以尝试走出一条提升大学生就业质量的内生路径。从就业者的主体性意义范畴来思考提升大学生就业质量,是以往优化就业政策、提高人才培养质量等外铄型提升路径的有益补充。已有研究中大学生往往只显现出了被高工资薪酬、和谐工作关系和良好发展机会所掩盖的"工具"主体性,而忽视了大学生作为人而存在对环境、事物主观能动反应的"人文"主体性。从大学生就业主体视角,对大学生就业质量生成过程进行观察,发现大学生自我认同对其就业质量具有定义、驱动和调节的机制作用,家庭、高校和社会可以影响大学生的自我认同以实现提升就业质量的目标。

一、强化大学生主体性教育

　　教育理念是教育实践和教育思维活动的指导性方法。在贯彻落实以人为本、全面发展理念、素质教育理念、创造性理念等的同时,也要注重强化主体性教育理念。主体性教育理念要求教育过程从传统的以教师为中心,转变为以学生为中心、以活动为中心、以实践为中心,倡导自主教育,培养学生独立思考、学习和实践的习惯,增强学生的主体意识和责任感,使学生积极主动地投入学习、工作和生活中。从目前来看,我国高校在就业指导教育和就业服务中依旧采用传统的教育模式,以单向知识传授为主,教师占主导地位,忽略了学生主观能动性的培养和发挥,导致大学生从校园到职场身份转变的脱节,自我分析、解决问题能力的缺乏和独立迎接挑战信心的不足。为了有效加强主体性教育,一是高校要贯彻落实主体性教育理念,持续进行教学反思,全体教师要在教育宗旨、教育使命、教育目标、教育理想、教育要求、教育原则等方面达成共识。高校开设职业生涯规划与就业指导课程,其教学目标中最重要的一点就是让学生在掌握知识、技能的基础上,能形成主观认知体验以及制定个人的职业生涯规划书与就业行动方案。所以教师在教学中除传授与职业生涯规划相关的基础理论知识外，更要注重培养大学生对职业自我的觉察、体验和实践的能力，要引导大学生完成职业兴趣、职业价值观、职业性格、职业能力等职业自我探索与反思，让大学生真正形成自我概念，并在此基础上接纳自我、完善自我。此外，教师要教育和帮助大学生唤醒主体意识，使大学生能够自觉、经常、主动地进行自我同一性反思，从而建构合理自我认同。二是要加强大学生综合能力的培养。如今，迅速发展的社会对劳动者的职业能力提出了更高的要求，劳动者不仅要具备与岗位相适应的专业技能，还要具备优秀的道德品质、良好的适应能力和抗挫能力，以及学习能力、创新能力、团队合作能力等众多能力。在大学生踏出校园之前，高校就要有意识地培养这些未来劳动者的综合能力，特别是隐性的能力，如对就业和就业质量至关重要的大学生心理品质，要引导大学生不断完善人格，增强大学生的主动性人格、自我效能感等，不断提高其自我认同水平，建立合理自我认同，这样才能保障大学生在激烈的劳动力市场上竞争成功，获得就业岗位并努力实现高质量就业。三是高校要加强就业指导的实践导向。大学生自我的建构与重构，都脱离不了具体的生活情境。大学生只有在就业实践中，通过与外部环境的互动，接受外部的评价反馈，才能准确理解角色所应承载的责任和义务，学习如何扮演角色；也只有在实践中，大学生才能更准确地了解自我、了解职业，才能更为顺利地实现自我认同和增加职业认同，也才能基于自我认同对自我就业质量有合理的期望和感知，从根本上提高就业满意度。无论是公共基础课、专业课，还是体育、美育、劳育等课程，高校都要精心设计课程教学大纲，增加实践模块和实践考核权重，推动学生主动投入实践。四是高校要加强大学生思想引导。高校要坚持"为党育人，为国育才"的教育目标，利用班会、主题教育、就业指导课、形势政策课等不同形式，组织大学生进行就业价值观、身份意义等大讨论活动，引导大学生树立正确的价值观，能站在国家、时代的角度理解身份价值，而不是一味地追求个人利益。

二、注重大学生心理资本的开发

心理资本，是个体一般积极性的核心心理要素，表现为符合积极组织行为标准的心理状态，是人力资本和社会资本之外的资源。有针对性地开发心理资本可以使得个体获得竞争优势。① 大学生心理资本包括但不限于自我认同和职业认同。在大学生职业生涯规划与就业指导中,增加学生自我认同和职业认同的提升训练。当前的就业指导课程在教育目标和内容上,更多的是强调大学生对职业自我的探索,追求的是职业自我与职业岗位的匹配和适应,有些高校还只是简单地将职业生涯规划与就业指导停留在做几份关于职业兴趣、职业能力、职业价值观的量表,或是简历制作和面试技巧的训练上,以做量表代表自我认知,以培训职业技能代表职业教育,而较少或忽视了从发展的角度或积极心理学的视角来观照大学生自我认同的发展和就业质量提升。大学生自我认同、职业认同理应被重视,特别是在充满不确定性的职业世界中,如何增强个体的自我认同,以自我的确定来应对环境的不确定,提高个体对环境的灵活应对能力和个体内生力显得尤为重要。职业认同对大学毕业生的期望就业质量、感知就业质量和实际就业质量有显著的正向影响。大学生所拥有的人力资本、社会资本并不能直接等同于大学生就业实践中所展现的就业能力,以及带来对等的就业质量。所以职业认同对两者之间进行了有效联结。提升大学生就业质量,可以从提升大学生职业认同入手。大学生要对自身和职业世界有客观准确的认识,了解职业薪资、工作地点、单位性质和规模,这样他的期望就业质量会更符合客观实际,职业定位、职业信息的搜寻会更精准,职业能力的发展会更有针对性,入职后的人岗匹配度也会更高。相应地,他在求职过程和工作实践中所感知到的障碍会较少,从而也能获得较高的就业质量。

三、就业质量生成场域系统性塑造

促进大学生合理自我认同和提升其就业质量,需要建立就业质量生成场域系统思维。一是继续深化家校共育,二是完善社会公共就业服务。除家校协同教育外,还需要国家提供必要、完善的社会公共就业服务。在就业政策解读、就业技能培训、就业补贴发放、就业咨询辅导等方面整合地方、行业和用人单位等多方力量。当前,我国就业市场服务机构大多由政府人事部门管理或由劳动保障部门负责,主要提供就业信息服务、就业指导服务、人才政策咨询和落实等业务,为就业市场资源配置发挥了重要的作用。但当前的就业市场机构设置重合度高,在市本级范围就有人才市场、就业管理服务中心等不同的就业市场服务组织,但当用人

① 仲理峰:《心理资本研究评述与展望》,《心理科学进展》2007年第3期,第482—487页。

单位、劳动者真需要办事时却不知到哪里办理。作为人才培养单位来说，高校也要面临被多头领导、重复拉动的局面；就业市场服务机构面向大学生开展服务内容单一，主要是提供就业信息，但在资源整合上各服务机构也是各自为政，没有将各地市、各区县、各行业供求双方的信息整合。接下来，政府在公共就业服务的组织建设、机制建设、内容建设、队伍建设等方面可以进一步优化，对组织机构按服务功能和服务区域进行重新布局，构建"项目＋地域"的就业服务网格。除就业信息服务外，加强地企校协同，特别是加强职业指导、就业训练，将就业工作前移，做好高校和用人单位供需双方的桥梁中介作用，促使用人单位将用人标准和需求前置到高校的人才培养目标和环节中，增加人才和岗位的匹配效率；加强就业数字化建设，打通就业信息壁垒，优化就业服务流程，提升学生就业服务体验，以高效的公共就业服务推进大学生高质量就业。